儿童情绪力训练手册

潘燕华 著

中国妇女出版社

图书在版编目（CIP）数据

儿童情绪力训练手册 / 潘燕华著. -- 北京 : 中国妇女出版社，2023.12
ISBN 978-7-5127-2237-8

Ⅰ.①儿… Ⅱ.①潘… Ⅲ.①情绪－自我控制－儿童读物 Ⅳ.①B842.6-49

中国国家版本馆CIP数据核字（2023）第001118号

特约策划：黄斯绵
选题策划：肖玲玲
责任编辑：肖玲玲
封面设计：末末美书
责任印制：李志国

出版发行：中国妇女出版社
地　　址：北京市东城区史家胡同甲24号　　邮政编码：100010
电　　话：（010）65133160（发行部）　　65133161（邮购）
网　　址：www.womenbooks.cn
邮　　箱：zgfncbs@womenbooks.cn
法律顾问：北京市道可特律师事务所
经　　销：各地新华书店
印　　刷：北京通州皇家印刷厂

开　　本：145mm×210mm　1/32
印　　张：5
字　　数：110千字
版　　次：2023年12月第1版　　2023年12月第1次印刷
定　　价：49.80元

如有印装错误，请与发行部联系

此书献给关注儿童情绪力训练的家长

感谢高岚教授和青籽心理团队

目录

第一章 儿童情绪力训练的起点

第二章

不同年龄段的儿童情绪力训练指南

第三章

父母是最好的情绪力训练师

第四章

做好情绪力训练，应对成长挑战

1

第一章

儿童情绪力训练的起点

家长在开展儿童的情绪力训练之前，需要先对情绪本身、儿童的情绪特点和影响因素有一个基本的认识。这部分内容的理论性相对较强，但请各位家长朋友不要跳过而直接到后面操作性更强的章节。

学习一些理论知识是有必要的。我还记得在 20 多年前的研究生课堂上，哲学老师告诉我们“好的理论具有无与伦比的使用价值”。确实，理论关心的是“道”，就是原理；操作方法关心的是“术”。“道”制约着“术”的发挥。

本章从对情绪的认识误区入手，用五节内容分别介绍情绪是一个身心灵交互反应的复杂系统、情绪产生的推手、面对消极情绪的态度、儿童的情绪特点、决定儿童情绪安全底色的核心要素。以上五个内容，是情绪力训练的起点。后面章节中提出的训练方法、训练重难点和问题解决策略，都离不开对这章内容的理解。例如，用隐喻技术引导情绪调节和情绪表达，就离不开对儿童情绪特点的理解。

领会到情绪的“道”，就不会再觉得儿童的情绪是如此“诡异”，反而觉得万变不离其宗，在“术”的层面更有创造性了，家长在教养中的效能感自然更强。

情绪是我们“最熟悉的陌生人”

之所以一开篇就用“最熟悉的陌生人”来形容情绪，是因为我们通过表情、动作、语气、声调等信号去判断“这个人有情绪了”。比如哭是伤心，笑是开心，愿意吃东西就是情绪好起来了（否则怎么会有心情吃东西呢）。

以上这种一一对应的模式，我们在孩子小时候用起来是相当得心应手的。可随着情绪的逐步分化、孩子自我意识的发展，父母慢慢发现这套用情绪外部表现来推断内心感受的因果逻辑就不好用了，涌现出五花八门的育儿困惑。

一个 5 岁的女孩把指甲咬得光秃秃的，医生诊断孩子“是焦虑了”，她妈妈感到百思不得其解。“焦虑说出来不就好了，咬手干吗？咬手没用呀！即使说不出来，哭啊闹啊，这也总比咬手强。”妈妈不明白孩子为什么要用动作去表达焦虑，咬手有什么用？

其实，情绪是身体和精神的一套复杂的变化模式，它不是简单的一一对应关系，也不是谁决定谁的因果关系。我们既需要用推理、归纳等理性思维去认识情绪，也需要调动身体感受、直觉等感性思维。总之，如果我们用所见即所得的思维去面对情绪，那么只能说我们离读懂情绪这个“最熟悉的陌生人”还很远。

我们对情绪的理解通常是不完整的，对一部分熟悉，同时对另一部分陌生，这表现在以下三个方面。

一、对情绪的外在表现熟悉，对情绪的内在反应陌生

情绪是一种混合的心理现象，由外在表现、生理唤醒和独特的主观体验组成。情绪的外在表现就是我们很熟悉的表情，包括面部表情、姿态表情和语调表

情。表情是我们用来鉴别情绪的主要标志。比如，愤怒时摩拳擦掌、高兴时语调高昂。这都是容易被肉眼观察到的。

而生理唤醒就是一个不可见的内在生理反应。人们处于某种情绪状态时，往往难以控制情绪的生理唤醒，因为主控情绪的自主神经系统一般不受个人意志所控制。测谎仪正是依据这一原理来设计的。

古人对情绪唤醒的身体反应一点儿都不陌生，《黄帝内经》中认为，心在志为喜，肝在志为怒，脾在志为思，肺在志为忧，肾在志为恐，这点出了五脏跟情绪之间的关系。

如果家长被孩子情绪的外在表现蒙骗了，就会错过身体发出的情绪信号，难以准确把握孩子的情绪状态。

例如，当心理咨询师告诉父母孩子反复发作的荨麻疹极有可能是焦虑情绪引发的躯体反应，父母觉得难以理解，有时还会质疑："我看她跟我们说话都是有说有笑的，哪来的焦虑呢？"内外不一致的信号，到底哪一个更真实地在诉说着孩子的感受呢？通常来说，人们更愿意相信不以意志为转移的生理信号。

二、对情绪健康的重要性很熟悉，对情绪力训练的具体方法陌生

很多父母在帮助处于情绪风暴中的孩子时总有点儿手足无措，常用哄骗、喝止、忽略、回避等策略快速摆平孩子。这样孩子是不哭不闹了，可他们永远都学不会如何觉察、表达和调适情绪，错失了一堂又一堂心理成长课。父母在孩子情绪力训练的课堂上表现如何，青春期就是检验家长能力的时候。如果父母掌握了情绪力训练方法，那么孩子在亲子互动中会自动地把父母对他的情绪力影响内化为情绪调适策略，帮助他穿越青春期的情绪风暴。

三、对引发情绪的事件熟悉，对事件背后的心灵议题陌生

我们都有这样的经验，总有某类人、某个特定情景、某件事能瞬间激活我们的情绪，这时的我们往往不受理性控制。分析心理学创始人荣格用“情结”这

一概念解释了这个情绪被瞬间点燃的现象。在荣格看来，情结犹如一个蓄水池，里面装满了被压抑在无意识中的与成长创伤体验有关的各种思绪。这些思绪按照不同的主题汇集在一起，具有相当大的能量，经常在不被觉知的情况下被瞬间激活，于是我们一下子被情绪吞噬了，失去了理性。

比如，孩子被老师批评了，妈妈一下子觉得无地自容，认为自己管教无方给老师带来了麻烦。妈妈这种被瞬间激活的羞耻感，跟她小时候总被教育“不要惹事，大人都很忙，小孩必须懂事，否则就是不乖”的经历有关。老师的批评触动了妈妈的“乖孩子情结”。面对老师的批评，爸爸的反应是愤怒，他觉得老师不公平、小题大做，这跟爸爸小时候总感觉长辈偏爱弟弟并且总挑剔自己有关，“失宠的孩子”这一情结被激活了。

可见，情结就是情绪的“扳机”，情结藏着心灵成长的议题。父母帮助孩子提升情绪力，学会积极的情绪调节策略，说到底就是与这些心灵议题的和解过程。

父母可以这么做

- 既要关注情绪的外部表现（如表情、动作等），又要关注情绪唤醒的身体感受。
- 学习情绪力训练的方法，用遵循儿童发展规律的策略提升孩子的情绪力。
- 要关注情绪背后所隐藏的心灵意义。

父母千万不要这么做

- 从孩子的外部表现简单判断孩子的情绪。
- 忽略身体带来的情绪信息。
- 把情绪问题简单化，认为小孩玩一玩就忘了，忽略了情绪背后的心灵成长议题。

信念是情绪背后的推手

情绪是一种独特的主观体验，也就是说情绪不是直接由事情引起，而是由我们对事情的看法引起。这就是心理学家埃利斯的情绪“ABC”理论的精髓。“ABC”指的是三个英文单词的首字母。

A，Activating event，诱发我们情绪的事件。

B，Belief，信念，是我们对 A 事件的看法、解释和评价。

C，Consequence，结果，就是我们在 A 和 B 的作用下产生了什么样的反应。

“ABC”中最核心的是“B”信念，它决定了情绪反应和行为输出。埃利斯把信念分为合理的信念和不合理的信念，认为合理的信念会带来积极的情绪，不合理的信念会引发消极、负面的情绪。

不合理信念有以下三个特征。

绝对化的要求。这是指以自己的意愿为出发点，认为某事物必定发生或不发生，忘记了每一个客观事物都有其自身发展规律，往往不以个人意志为转移。这种绝对化的要求常常表现为言语中带有很多的“必须”、“应该”或“一定要”等，如“这次语文考试我一定要拿 100 分”。

以偏概全的评价。这是指片面地用事物的某一个特征评估全貌，表现在言语中就是带有很多的“总是”“所有”“都一样”等，如“全班同学都不喜欢我”。

灾难化的推理。这种观念认为如果一件不好的事情发生，那将是无法挽回、糟糕至极的。如“如果我不答应他代购零食，他以后就不跟我玩了”。

第二章中的情绪调节策略主要就是聚焦于上面三种不合理信念的认知重构。

父母可以这么做

- 初步觉察自己有哪些不合理信念。
- 初步识别孩子存在哪些不合理信念。

父母千万不要这么做

- 把事情跟情绪直接一一对应，忽略了信念这个评价输出机制。
- 直接告诉孩子行为的对错，忽略了去觉察孩子的什么想法让他有这样的感受和行为。

回避消极情绪导致无法获得完整的情绪力

希望孩子们快快乐乐、健健康康是天下所有父母的期盼，很多父母也理所当然地认为让孩子拥有积极情绪就是通向健康快乐的“康庄大道”。可惜的是，积极情绪并非获得健康快乐人生的万能药。换句话说，没有哪一种情绪状态能够一股脑儿地解决所有的人生烦恼。那些获得健康快乐的人，并不是时刻都处于积极情绪中，而是对积极情绪和消极情绪兼收并蓄，而且通过合理地切换这两种情绪状态，达成平衡而稳定的心理状态。

中国传统文化中的八卦图呈现出一阴一阳共生整

合的意象，其表征的就是一种动态平衡的稳定状态。这种平衡的稳定状态也是情绪力训练追求的境界。如果我们回避消极情绪，只允许积极情绪的存在，如同八卦图中只允许阳的存在，那么协调的秩序就被打破了，心灵缺了一个角，不再完整。

以下列出的是父母对消极情绪的错误认识。

错误认识 1：消极情绪是坏的，它会搞砸事情

一提及消极情绪，人们马上自动产生以下反应：它令人讨厌、会让人停滞不前；它与失去自控力有关；没有人愿意跟处在消极情绪中的人玩。于是我们就不自觉地给消极情绪贴上了“坏的”“无益的”等标签。其实没有哪种情绪是最好的，每一种都很重要。

在进化心理学看来，进化中被保留下来的情绪自有其保持人类生存和发展的价值。例如愤怒，它让我们在个人权利受到侵犯时挺身而出，保护自己或自己在乎的东西，维护我们的安全。

心理学家罗纳德·巴罗及其团队研究工人的工作状态与情绪之间的关系，他们发现，在创造力方面，经历过积极情绪和消极情绪的人们提供的点子，比只有积极情绪体验的人提出的点子要更好一些。

错误认识 2：要获得快乐，就要远离消极情绪

追求快乐、逃避痛苦是人的本能。在移动互联网高度发达的今天，这一本能更是被肆意地表达着。当焦虑、烦躁、无聊或者虚无等情绪涌上来时，只要拿出手机，以上所有消极情绪都可以立刻消失得无影无踪。这种看似舒适的选择，其实会让我们越来越不敢去直面消极情绪带来的痛苦。回避成了我们日常生活的主题。

《消极情绪的力量》一书中提出了一个“二八定律”：一个真正快乐的人差不多 80% 的时间是积极的，20% 的时间是消极的，并且他能从消极状态中获益。因为消极情绪背后隐藏着一些潜能——耐受挫折的能力、自我反省的能力、团结他人以获得自救的能力等。当勇敢地与消极情绪对话并从中汲取力量时，我

们就能获得这些潜能。只有在这些潜能的加持下，我们才能获得真实的、持久的快乐。

错误认识 3：表达消极情绪是不应该的，这很丢人

这是所有错误认识中最根深蒂固的一种，对生活的影响也最大。在我们的文化中，大家都倾向于对情绪做好／坏、应该／不应该、对／错的评价。例如，愤怒是坏的，因为显得你不礼貌；悲伤是不应该的，因为显得你脆弱；恐惧是错的，因为表明你胆怯。

这是一种把情绪跟道德和能力绑定的思维定式。如果家长从孩子的童年时期就开始向他们灌输这种思维定式，那就很容易让孩子产生羞耻感——“我的不开心给大家带来麻烦了”“我是一个差劲的孩子”“我不应该表达这些不好的情绪”。让人心疼的是，这种羞耻感往往被压抑得很深，因为年幼的孩子无法识别情绪产生的原因，只能有一种模糊的、无法言说的感觉停留在意识之下。同时，孩子也因为没表现出消极情绪而被身边的人称赞为“懂事”“乖巧”。所以他们

慢慢地就认为不表达消极情绪是理所当然的。随着自我的觉醒，总有一件事会触动情结而点燃压抑已久的消极情绪，可惜这时候还是说不出来，于是就会转化为躯体的症状，让身体来表达情绪的信息。

在心理咨询中，我们发现大部分有躯体症状的来访者都会在咨询的深入阶段碰触到“羞耻感”这个议题。

例如，一位20多岁的新婚女性因肚子总胀气、爱放屁而被内科医生建议前来心理咨询。持续放屁让她非常尴尬，可做遍了医学检查还是无法找到器质性原因，于是听从医生建议前来心理咨询。

来访者说她在幼儿园大班时因为跟同学追跑摔倒，造成脚踝受伤。她清楚记得父母送她去医院的路上一路指责她给家里带来了麻烦，她没资格哭，哭是解决不了问题的，而且还丢人。她说自从那次后，她慢慢就变得报喜不报忧了，因为她觉得诉说自己的难受是麻烦别人的、狼狈的、差劲的。长大后她在交往中八面玲珑，从来都不会表达情绪的消极面，看似跟大家相处得不错，可自己总感觉孤独和身心疲惫。近来她结婚了，与婆婆一起住，婆婆的强势让她总感觉委屈和愤怒，可她又不敢表达。

随着咨询的深入，她慢慢觉察到婆婆跟自己严厉的妈妈很像，跟她们相处时自己都要憋着一肚子气。婚姻带来的生活变化，让她倍感压力，于是身体在象征地帮她“排气”。

我们花这么长的篇幅去论述这个成年女性的例子，就是想说明否定和压抑孩子的消极情绪，会让孩子产生羞耻感，而且“懂事”“乖”等溢美之词会让孩子把羞耻感隐藏得很深，以至于他们觉得只能表达积极情绪。深陷消极情绪时，他们不是找不到可以倾诉的人，而是不知道怎么倾诉。

父母可以这么做

- 理解任何一种情绪都有其独特的价值。
- 认识到消极情绪所蕴含的积极意义。
- 觉察自己有没有一种表达消极情绪的羞耻感。
- 意识到我们的文化会影响我们的情绪表达。

父母千万不要这么做

- 把消极情绪视为洪水猛兽，一味压制或者回避。
- 只允许孩子表达积极情绪。
- 有意无意地传递一种“我只喜欢开心的孩子”的信号。

读懂孩子的情绪表达暗语

所谓暗语，就是当孩子不被允许表达情绪或者不知道如何表达情绪时，他们常拐弯抹角地表达自己的感受。他们的表达方式表面看来与情绪风马牛不相及，因此常让父母感到迷惑不解甚至恼怒。如果父母能破译儿童的情绪表达暗语，那么开展儿童情绪力训练就能得心应手。

情绪是内在需求的“送信人”

孩子每种情绪的背后都包含着他们想表达的需求，要照顾好情绪，首先要善待情绪背后的需求。

如果父母能好好收下并阅读写满需求的“信件”，情绪这一“送信人”就会走开。相反，如果关门不接待这个“送信人”，它就会一次次地不请自来，甚至不断升级。

需求有显性需求和隐性需求之分，简单来说，显性需求就是孩子嘴上说想要的东西，是能被清楚意识到的；隐性需求是很难被意识到的，深藏在无意识中，往往跟安全、尊重和认可等需要联系在一起。

例如，一个不肯跟妈妈分床睡的 9 岁男孩，显性需求是孩子说的“怕黑”“有鬼”，妈妈针对显性需求进行了多番论证，但仍然无法消除孩子的恐惧情绪。其实孩子的隐性需求是“我希望妈妈永远不要离开我”，本质问题是孩子缺乏足够的安全感去完成与妈妈的分离。

表 1 列出了部分儿童的需求跟情绪之间的关系，可以帮助父母快速捕捉到孩子情绪、情感背后所代表的需求。

表 1　儿童的情绪、表达、需求

情绪	儿童可能的表达	儿童可能的需求
孤独	“没人跟我玩”	被关注、寻求归属
愤怒	充满攻击性的语言和行为	被理解、被尊重、被认可
焦虑	拒绝或回避某个活动，躯体症状	更多的安全感、掌控感和稳定性
恐惧	“我不行”“我害怕”	被鼓励、信任和认可
嫉妒	厌恶某个人，变得很挑剔	成就感、被赞扬、被关注
悲伤	可能表面是很平静的	有人主动关心、陪伴、帮助自己

儿童常用象征手法表达情绪

我们用儿童最爱使用的象征表达——“屎尿屁”来说明。“屎尿屁”在大人的价值观里代表着不干净、不礼貌、不体面，大人通常会阻止孩子谈论，尤其在社交场合。可有时越制止，孩子就说得越起劲，好像故意跟大人作对似的。

带有“屎尿屁”的话总能引起大家的关注，孩子在说的时候，无意识中会带有一种排泄时的畅快，因此这些话自然被孩子们用来表达激烈的情绪感受。

如果大人因此抓狂、大声喝止或批评，孩子们就更会产生窃喜感、挑战权威的刺激感和对语言力量的掌控感。

这种“屎尿屁敏感期”多数在4～8岁，男孩更明显。随着年龄的增长，孩子慢慢不爱谈“屎尿屁”了，因为觉得那是小屁孩的话题，可仍有不少孩子喜欢用“屎尿屁”去象征性表达他们难以言说的需求和不被允许的情绪。

例如，一个10岁的男孩子，二年级就被诊断为多动症，可妈妈始终接受不了孩子生病的事实，认为只是学习态度问题，只要端正态度就好了。孩子被确诊后不久便开始在家里大便后不冲水，而在其他地方大便后则不会这样。妈妈非常恼火，多次训斥无效。其实这是孩子用象征的方式来表达他的需求：请妈妈接纳我的症状，虽然它很臭、很恶心，但它是我的一部分；当我是小婴儿时，你可是从来都没嫌弃过我的大便的，我希望你现在仍然可以这样对待我。

当儿童无法用言语来表达情绪时，经常会用行动表示

这种情况用心理学专业术语来说，可称为“付诸

行动”。人类最早的情绪表达是动作。小婴儿不能说话，只好通过动作表达情绪，比如双脚乱蹬、身体来回转、大声哭。随着语言能力发展，孩子学会了用语言表达自己的情绪，逐步替代了用动作直接输出情绪的方式。因此，对语言表达能力较弱的孩子来说，需求受阻产生负面情绪时不能用语言表达，只能通过在地上打滚、打人、偷东西、咬手、身体抽动等动作宣泄，是一种退行到婴儿期的表现，提示其情绪能力尚在幼稚阶段——我说不出来所以用动作做出来。因此父母不要一看见孩子的不合理行为就上纲上线一通批判，而是马上提醒自己“孩子有情绪了”，因为他的情绪表达还不够成熟，我们要一起帮助他。

当儿童的情绪被掩埋或者忽视时，出现躯体症状的概率远高于成人

我们要关注孩子以下的身体信号，它们带来丰富的情绪信息。

- 6 岁以上的孩子出现遗尿。
- 排除器质性因素的身体疲劳。

- 过敏症状：皮肤过敏、过敏性鼻炎、过敏性哮喘、过敏性咳嗽。
- 频繁出现肠胃问题：便秘、腹泻、胃疼。
- 总说头疼或头晕，医学检查没事。
- 抽动。
- 心慌、胸闷，医学检查没事。

父母可以这么做

- 敏感捕捉情绪背后的心理需求。
- 理解象征和“付诸行动”是儿童的情绪表达特点。
- 高度关注情绪的生理信号。

父母千万不要这么做

- 只处理情绪的表面问题，让孩子不要哭不要闹，忽略了心理需求。
- 被孩子的奇怪行为激怒或者变得非常焦虑，忘了这是孩子情绪的象征性表达。
- 对“付诸行动”的孩子“贴标签”，认为是品德问题，无视背后的心理需求和内心感受。

父母的脸色是儿童情绪安全的底色

在孩子眼里，父母的脸色是家庭情绪氛围的晴雨表。对爸爸妈妈一番察言观色后得出的结论直接牵动着孩子的情绪。

一个 5 岁小姑娘因为夜惊、咬手、频繁皮肤过敏就诊，医生提示家长说孩子处在焦虑和抑郁状态中，建议接受心理咨询。父母百思不得其解，跟咨询师说虽然夫妻俩近半年确实冲突较多，但在孩子面前都很克制，从不争吵，就是怕影响孩子。而且孩子言语间从来没流露出任何的不安，甚至比以前更听话懂事了。

在心理咨询的角色扮演疗法中，小姑娘用小猪佩奇一家描述了她看到的父母相处方式——猪爸爸和猪妈妈彼此不说话，但都分别跟佩奇说话，而且面带笑容，可其他时间就收起笑容。佩奇不知道这是为什么，很害怕。

可见，孩子对家庭氛围和父母情绪状态的感知是一个更强调直觉感受的过程，而不是从表面行为就能作判断安心下来的。因此，父母仅在行为上“扮演”好爸妈、好夫妻是不能给孩子安全感的。想让孩子在早期就奠定情绪安全的基础，父母需要在以下三个点着力，让自己的“好脸色”是由内而外呈现出来的。

建立安全的依恋关系是最基础也是最重要的

依恋是与生俱来的一种寻求和保持亲密关系的举动。父母与孩子之间的依恋关系，不仅奠定了孩子的安全感基础，还铺筑了孩子和世界沟通的桥梁。

父母能够敏锐地觉察到孩子的心理或生理需求并及时满足，孩子就会形成安全型依恋；当孩子的需求总是被拒绝或被忽视，孩子便会形成非安全型依恋(又分为焦虑型依恋和回避型依恋)。以上就是依恋理论的基本观点。学界一致认为，儿童与父母的依恋关系对儿童的情绪安全具有奠基作用。

积极回应孩子的情绪，做情绪教导型父母

父母对儿童情绪的回应方式，是影响儿童情绪发展最直接、最典型的途径。具体分为以下三种。

一是情绪消除型。这种类型的父母认为负面情绪对孩子有害，更倾向于采用忽视或者否定等回应方式，以便尽快让孩子远离有害的情绪。

二是情绪紊乱型。父母无法适应自身和孩子的情绪，不能很好地平复情绪。面对子女的负面情绪，父母自身负面情绪的强度甚至高于子女。

三是情绪教导型。这种类型的父母能够敏锐地意识到自身和孩子的情绪，并通过多种富有建设性的策略支持孩子的情绪发展。本书的第三章就是帮助父母掌握情绪教导型的情绪回应方式。

父母双方建设性地处理婚姻冲突，尽量让孩子在冲突中保持情绪安全感

心理学家卡明斯和戴维斯整理了以往关于“父母冲突对子女的影响”的研究，发现反复暴露在破坏性的婚姻冲突中，可能会诱发儿童情绪和行为的失调，造成社会适应障碍和人际交往困难。然而，孩子的爸爸妈妈来自不同的原生家庭，这注定了绝大多数夫妻在生活方式、教育子女、处理与原生家庭的关系等方面都很难保持一致，冲突在所难免。西方婚姻家庭学有一个经典观点：这张婚床上真是拥挤，躺着的不止夫妻两个人，而是六个人。

有些父母正是觉得争吵会给孩子造成负面影响，所以尽可能把一切不和谐的声音屏蔽掉，或者用“冷战”替代“热战”，以为没让孩子看见吵架就影响不大。但事实上，这样处理对孩子的成长毫无益处。毕竟孩子将来要面对的真实世界不可能是没有分歧、没有争执的世外桃源。与其让他们产生不切实际的期待（“关系好的两个人是不应该争吵的”），还不如教会他们如何去正确处理矛盾和冲突。

表 2 就父母的建设性冲突和破坏性冲突做了一个对比，方便大家自我觉察。

表 2 你和配偶是哪种冲突模式

特点	建设性冲突	破坏性冲突
关系本质	激烈讨论合作的可能性	我赢你输的竞技比赛
争吵目的	加深彼此的了解，消除误会	不是为了达成和解，而是为了争夺控制权和话语权
行为	•问题导向的沟通 •改变自己的言行 •让步和妥协 •努力得出折中方案	•人身攻击的语言或行动 •长时间冷战 •极力控制话语权 •一定要分出胜负
孩子对冲突的内化过程	•冲突是十分正常的，不要对冲突产生畏惧和回避心理 •言语上的冲突可以是安全的，不必觉得恐慌 •争吵也可以是具有创造力的，因为一个折中的解决方案是不可能由单个人想出来的	•一旦发生冲突，必然就是“你死我活”，我要避免冲突 •冲突是不好的，会让人变得很狰狞 •我一定要赢，谁也不能改变我的观点 •我要努力让所有人都开心，不要吵架
孩子发展出的处事模式	•灵活和弹性地处理人际关系 •敢于表述自己的感受，同时不伤害他人 •拥有健康的自我边界，不卑不亢	•通过过度的自我牺牲来维持人际关系的和谐 •好斗，认为持不同观点的对方在否定自己 •过分压抑自己的感受 •有意无意地与所有人保持距离

父母可以这么做

- 重视早期的亲子依恋，帮孩子建立起安全型的依恋关系。
- 学习做情绪教导型父母，引导孩子情绪力发展。
- 允许配偶或其他家人跟自己有不一致的地方，不回避矛盾。
- 学习建设性的冲突解决办法。

父母千万不要这么做

- 认为情绪的稳定、安全什么时候建立都可以。
- 用破坏性的方式去解决家庭矛盾。
- 用错误的方式回应孩子的情绪。

本章总结

本章主要介绍了情绪理论中容易被误解或者忽略的观点、儿童的情绪特点。

- 用“最熟悉的陌生人”来指出不能用所见即所得的简单思维去理解情绪；要关注情绪的内在反应过程以及隐藏在情绪背后的心灵议题；

- 情绪是一种独特的主观体验，情绪不是直接由事情引起，而是由我们对事情的看法引起；

- 想获得完整的情绪力，就不要回避消极情绪，消极情绪自有它的独特价值；

- 儿童的情绪表达有 4 个特点：情绪是内在需求的“送信人”、儿童常用象征手法表达他们的情绪、儿童经常通过行动来表达其无法用言语表达的情绪、儿童常通过躯体症状来表达被掩埋或者被忽视的情绪（需求）；

- 父母与孩子之间的安全型依恋是孩子情绪安全的基础。

2

第二章

不同年龄段的儿童情绪力训练指南

本章第一节介绍情绪力的三个维度及其内涵：情绪理解、情绪调节和情绪表达。第二节介绍儿童的情绪力发展规律和训练方法。

情绪力的发展是一个由低到高、由简单到复杂的过程。婴儿期（0 ~ 1 岁）是情绪力训练的奠基期；学步期（1 ~ 3 岁）和学前期（3 ~ 6 岁）是情绪力训练的加速时期；学龄期（6 ~ 12 岁）是情绪力训练的成效初显期。

婴儿期建立安全的依恋关系，能帮助学龄前儿童在初步尝试探索与世界、与他人的互动中分化出复杂混合的情绪，并能初步识别。

学龄期是抽象逻辑思维能力的爆发期，能初步识别出复杂混合情绪的孩子能在此基础上进一步思考情绪从何而来并发展出调节策略。如果学龄期逐步学会积极的情绪调节策略和恰当的情绪表达，将为顺利穿越青春期的情绪风暴铺平道路。

由此可见，上述各阶段是环环相扣、层层推进的。

第二节是全书的重点，分别详细介绍儿童期的 4 个阶段在情绪力发展中的意义、情绪力三个维度的发展特点、情绪力训练的重难点、建议父母尝试的训练活动。其中，确定情绪力训练重难点的依据主要是遵循儿童发展规律的要求、儿童情绪表达特点等理论。

情绪力是调节和表达自身情绪的一种综合能力

情绪力（Emotional Competence），又称情绪胜任力，是指拥有情绪知识，能对自身和他人的情绪进行识别和理解，并调节和表达自身情绪的一种综合能力。

心理学家萨米指出，儿童需要发展的情绪力可具体细分为觉察自身情绪状态、识别他人情绪、使用情绪和表情词汇、共情和同情、区分内部和外部表情、使用适当情绪进行交流、应对紧张情绪和情境，以及情绪的自我效能等 8 种技能，这些技能之间相互依赖、相互影响。

近 20 年来，心理学家们对情绪力的内涵界定进行了多项研究，研究结果与萨米在 1999 年提出的八大能力一致，并将情绪力分为三个维度——情绪理解、情绪调节、情绪表达。

维度一：情绪理解

情绪理解指一个人对自己面临的情绪线索和情境信息进行解释的能力，包含识别和归因两个过程。前者是觉察和描述自己及他人情绪的过程，知道自己或他人处在什么样的情绪中；后者指理解情绪的原因和结果的过程，知道自己或他人的情绪是怎么来的，为什么会产生这样的情绪。

维度二：情绪调节

情绪调节是指个体有效管理控制自身情绪、合理应对不良情绪、保持积极乐观的能力。这是一个对情绪经验和情绪表现进行管理、监控、评估以及调整的策略实施过程。

儿童的情绪调节策略包括认知重评、问题解决、替代活动、发泄、被动应付和自我安慰 6 种。

认知重评是儿童用积极的方式来看待挫折或其他消极事件，对消极情境中的各项因素进行重新思考或重新解释；问题解决指儿童积极面对问题，通过自身的力量，采取一切可能的适应性行为和手段来消除挫折来源、摆脱所面临的困境，减少或消除消极情绪；替代活动就是把注意力从引发挫折或消极情绪的情境中转移开来，投入其他可被观察到的活动中，沉迷手机就是一个典型的消极替代活动策略；发泄指儿童通过运用破坏性或伤害性的行为来表达和宣泄自己的消极情绪，就是父母常说的"乱发脾气"；被动应付指儿童不主动采取任何积极的行动来解决所面临的问题，而是离开或回避引发消极情绪的情境；自我安慰指儿童运用一些话语来安慰自己或在行为上重复相同的、无意义的身体动作，例如刚入园的孩子用咬手或者咬衣角来缓解自己的分离焦虑。

维度三：情绪表达

情绪表达指个体对情绪外部表达成分的调控能

力，就是说在特定社会情境下，儿童对谁应该表现出什么样的情绪，而不管个体内心真正的情绪体验如何。心理学家保罗·克曼和华莱士·V. 弗里森提出了 4 种常用的情绪表达方式。

1. 弱化。减弱真实情绪的表现强度。一个委屈的孩子很想砸东西发泄，可他知道这是不允许的，于是就以握紧双拳并沉默不语来表达这种冲动。

2. 夸大。放大真实情绪的表现强度。为了把妈妈的注意力从弟弟那里吸引到自己身上，5 岁的小姐姐大声哭喊自己被热水烫到了。

3. 平静化。表现出自然或中性的表情。

4. 掩饰。表现出不同于真实情绪的表情。

不同的情绪表达策略背后是不同的心理需求：夸大往往是为了引起关注，弱化是为了润滑人际关系，掩饰则是为了自我保护。一个拥有情绪力的孩子，能够在关照自己需求的同时根据外界要求灵活多变地综合运用上面 4 种情绪表达策略，做到既善待自己又尊重他人。

父母可以这么做

- 初步认识儿童情绪调节的 6 种策略：认知重评、问题解决、替代活动、发泄、被动应付、自我安慰。
- 了解儿童有 4 种情绪表达方式：弱化、夸大、平静化和掩饰。

父母千万不要这么做

- 简单认为情绪力就是管理情绪、表达情绪，忽略了情绪理解。

遵循情绪力发展规律，情绪教养有方法

婴儿期（0～1岁）：情绪力的奠基期

婴儿一出生就有情绪表现了，例如宝宝会哭或小手乱抓、小脚乱蹬。我国心理学家孟昭兰的研究表明，新生儿一出生就有兴趣、痛苦、厌恶和微笑4种表情。可见，宝宝不仅一出生就有情绪，而且已经初步分化为4种不同的情绪感受。然而，这最初的情绪反应大多是先天性的，是进化过程中遗留下来的原始反应。

在情绪理解上，婴儿靠观察照料者的面部表情来识别他人情绪。儿童发展心理学的研究表明，婴儿有“人脸偏好”，相对于看其他物件，婴儿更喜欢看人脸。9 个月的婴儿就能根据成人的表情正确识别出高兴和悲伤的情绪。婴儿对消极情绪是十分敏感的。日常生活中，我们可以观察到当大人对着这个月龄的婴儿笑的时候，他们也会被逗笑。如果大人瞬间把脸沉下来，婴儿会迅速表现出惊恐或者不知所措的表情，说明他们能够根据大人的表情来识别对方的情绪了。

引发情绪的原因主要是躯体感受和生理需要，尿布湿了、饿了、肠绞痛不舒服都会让婴儿感到痛苦而大哭。

新生儿不能主动地调节情绪，完全靠照料者来安抚情绪。6 个月后的婴儿逐步发展出简单的策略来自我安抚（如吃手指），也能更准确地向照料者传达需要（如不满的时候蹬脚）。

在情绪表达上，一般研究认为，婴儿在 5 ~ 6 周时，就能出现对人的特别情绪和微笑，专业术语叫“社会性微笑”。现实中，我们可以观察到当大人与一个多月的宝宝眉开眼笑地互动时，宝宝会被逗笑，会用眼神表示感兴趣和开心。这是早期判断婴儿的情感发展和社会新发展能力的标志行为之一。

国家卫健委发布的《儿童心理行为发育问题预警征象筛查表》把不能被逗笑列为发育异常预警信号。如果婴儿到了3个月还没发展出这种能力，家长需要密切关注宝宝是不是有心理行为发育障碍。

3～4个月时，婴儿会出现愤怒、悲伤的情绪，例如奶嘴流速慢、妈妈的乳汁分泌速度赶不上宝宝吮吸的速度，宝宝就会烦躁地大哭。妈妈会安抚宝宝："哎哟，宝宝生气了对不对？太饿了，别急别急。"

6～8个月时，宝宝会"认人"和"认生"，当最亲密的家人不在眼前时他会产生分离焦虑，当陌生人出现时他会产生焦虑。

婴儿期情绪力训练重点：通过高质量的情感互动为情绪力训练打下良好的生理基础

婴儿表达情绪和调节情绪的能力建立在婴儿所得

到的悉心照料和积极互动的基础上，这些过程会影响婴儿的神经连接形成，从而为情绪力训练奠定良好的生理基础。

本书第一章第一节就介绍了情绪是生理和心理的复杂反应过程，情绪具有相应的生理基础。婴儿的大脑细胞每秒形成 3 亿个神经连接（也称“突触”），每一个神经连接都记录了来自感觉器官输入的生理信息和情绪信息。

对于小婴儿而言，重复体验饥饿、疲倦、潮湿或者其他不适，都会在不断发展的神经连接中留下痕迹，影响大脑的神经网络连接。

我们可以设想一下，有经验的照料者从宝宝的哭声和动作迅速判断出宝宝被尿布的潮湿感弄得很不舒服，及时给予回应。照料者可以一边温柔地帮宝宝换尿布一边宠溺地说：“哦哦哦，我知道小宝贝不开心了。我这不就来了吗？好咧，真乖，现在是不是舒服多了啊？哎呀，是啊，你看笑了对不对？……”这种具体、生动和充满爱意的高质量情感互动信息，通过视觉、听觉及皮肤这个最大的感觉器官输入婴儿的大脑，大脑的神经网络内化了“这个世界是友善的”“我是被大家爱着的”“我的需求是被接纳的”这样基础的安全感，打下了情绪的基调。这个内化的过程是以身体感受为转换器的，也就是身体上的舒适感让宝宝唤起了积极的情绪体验。这种在生命初期印刻在身体记忆层面的情绪记忆，是很难在后天用语言去补充输入的。这也是诸多心理学流派都非常关注早期关系的情感互动质量的原因。所以，进行高质量的情感互动是这个阶段的情绪力教养重点。

父母可以这么做

- 表情管理。父母在婴儿面前控制自己恐惧和愤怒的表情。
- 敏感、及时和稳定地回应婴儿的需求。尽快摸透婴儿的作息规律和生理习惯，敏锐地觉察婴儿的需要，及时回应。如果手头有事不能马上来到婴儿身边，可以用热情的语气大声回应，让宝宝感受到需求被回应了。
- 面对婴儿时表情要丰富。在回应和照料的过程尽量多地保持丰富的、愉悦的面部表情，再配合温柔的语言和轻柔的动作，将会大大刺激婴儿对表情的感知力。
- 喂奶的时候要持续提供高质量的情感互动：眼睛看着婴儿吃奶，同时多说鼓励性和支持性的话语。不要边喂边玩手机，如果这样做，妈妈在婴儿眼里只是一个喂奶机器罢了。
- 用积极的言语方式回应婴儿的情绪反应，如“宝宝生气了是不是？”“宝宝想妈妈抱抱是不是？”；展现出各种类型的情绪，如惊讶、好奇、悲伤等。

情绪力训练难点：新手妈妈在忙乱中保持情绪的稳定

新生儿的到来，给家庭成员带来了兴奋和期待，还给新手妈妈带来了适应身份转换的焦虑和烦躁。新手妈妈应该深有体会，育儿的累不是身体累，而是心累。而那个和我们朝夕相处的宝宝，看不懂也听不懂我们，只会不分昼夜地尽情表达他的各种需求。妈妈的节奏完全被打乱了，再加上孕期激素的变化，妈妈很容易被抑郁的情绪吞噬。

以下两个自我关爱建议应该能帮助新手妈妈在身份转换急性期尽快恢复情绪的稳定。

- 所有人都在教你“做妈妈”，但你无须怀疑自己。英国的母婴心理学大师温尼科特在《妈妈的心灵课》一书中提醒各位新手妈妈，最好的养育来自妈妈天然的自我信赖和独立自信。与生俱来的母性与后来学习的知识之间是有差别的。在婴儿早期妈妈们要防止过度学习育儿知识而影响了母亲那些天然的养育品性。所以，你不愿意多想的时候可以不去想它，顺应天性去做就好了，无须怀疑自己。

- 先做自己，再做妈妈。在人类文明社会中，妈妈被要求是一个无条件付出、强调奉献的角色，现在更有了“超人妈妈”一说。但其实没有人能在所有时间都是完美妈妈、超人妈妈，也没必要追求做到这样。妈妈可以愤怒、可以难过、可以哭泣、可以怀念过去、可以在撑不住的时候以自己为重、永远不必过度内疚，只有先照顾好自己，才能做一个好妈妈。

婴儿期的情绪力训练活动：情绪“躲猫猫”

大人可以跟宝宝做情绪“躲猫猫”的游戏。

目的：让婴儿的大脑尽可能多地接收表情信息，丰富突触之间的连接。同时发展儿童察言观色的能力，为日后的社交情感发育打下良好基础。

玩法：大人面对面正视着宝宝，用双手遮挡自己的脸，让自己的面部表情“躲起来”。在靠近宝宝面前的时候快速打开双手，用夸张的表情表达开心的情绪，并且跟宝宝说：“哇，妈妈看见宝宝了，好开心啊。宝宝也笑了，很开心，对不对？”如此反复多次。除了用手，还可以用小毛巾或者玩具来遮挡大人的脸或者宝宝的脸，增加互动的趣味性。

学步期（1 ~ 3 岁）：发展情绪识别和觉察的关键期

1 ~ 3 岁是孩子发展情绪理解力的关键期。情绪理解力具体分为情绪识别和情绪觉察。在外界环境和机体成熟的作用下，情绪逐渐分化并获得初步发展。

例如，婴儿期愉快的情绪就会分化为高兴和喜爱，不愉快的消极情绪分化为愤怒、厌恶和羞愧等。同时，这个时期的孩子开始认识到自己和其他人是有感受的。

2 岁左右的孩子不仅能正确无误地识别对方的表情信号，并开始试图解释事件是怎样引起情绪的，而且逐步学会观察别人的反应来做出下一步的行动。在情绪调节上，这个时期的孩子情绪稳定性较弱，容易变化。两种对立的情绪如喜和怒经常在短时间内相互转化，且容易因为外来的刺激而处于情绪兴奋状态，例如表现为“人来疯”。

3 岁左右的孩子能用更复杂的调节策略让自己好受一点儿，逐步会做心理准备，如“我上幼儿园想你了可以怎么做？”。在情绪表达上，这个时期的孩子情绪外露，丝毫不加掩饰，高兴就笑，不高兴就哭。父母通过孩子的表情和肢体动作很容易就能判断孩子的情绪状态。这个阶段的孩子会表达较为复杂的情绪，能用词语描述感受，但那些强烈的感受还是无法用语言表达。

学步期情绪力训练重点：教会孩子觉察和识别自己处在何种情绪状态中

当孩子能识别并能向他人说出自己的感受时，意味着他们能将内在东西表达出来，将不为人知的情绪告知他人，意味着开始掌控自己。父母可以通过下面的方式来促进孩子情绪理解力的发展。

- 帮孩子积累情绪词汇：与孩子交谈时使用各种表达情绪的词汇；当孩子无法用语言表达感受时，父母教孩子用合适的语句和身体动作去进行表达。

- 用可视化材料跟孩子分享别人的感受：给孩子读各种情绪表达的绘本或故事，并鼓励他们描述故事角色的情绪感受。

- 鼓励孩子的情绪表达：鼓励孩子用语言表达自己的感受，注意观察孩子表达不同情绪的方式，并平和地交流。

- 帮助孩子学会对情绪进行命名，以及对一系列不同等级的感受进行表达，例如有点生气、很生气、非常非常生气。

- 尊重孩子的自主性：肯定孩子对自主性的需要，不控制、不打压；尽可能给孩子自主选择权；多看到行为背后的感受，如“我看到你扔东西了，是不是生气了”，而不是“你发脾气干吗？坏死了”。

学步期情绪力训练难点：父母通过接纳、命名和引导，让孩子学会觉察和表达羞愧感

上文提到“开始掌控自己”“尊重孩子的自主性”，

其依据就是孩子到了自主性迅猛发展的心理阶段，具体表现为“我不要你，我要自己来”，而且会开始把“我的”“宝宝的”等话挂在嘴边，以表示要把自己跟其他人分开。这个阶段被称为人生的“第一叛逆期”，青春期也只是“第二叛逆期”罢了。因此这个年龄也有了一个说法叫“可怕的两岁”。

此时，父母在教育上的烦恼从生理层面的困扰（如我的宝宝睡觉日夜颠倒怎么办）逐步转为心理层面的困惑（如孩子动不动就发脾气怎么办）。自主性推动着孩子不断摆脱照料者的制约去探索世界，越是被禁止的行为他们越是饶有兴趣去尝试，例如把手指插进插座、把米从米缸里舀出来等。这个探索的过程就是一个试错的过程，伴随着行动失败、受伤、破坏东西等挫折，他们会产生复杂的情绪体验。

接下来，我将用一个日常生活的常见情景来说明情绪力发展为何能促进自主性的发展，并且在处理过程中展示情绪力教养的误区和正确做法。

一个2岁的孩子拉开抽屉把爷爷的药瓶拿出来摔到地上，当看见爸爸用严肃的眼神看着自己时，他呆住了不敢动，怔怔地看着爸爸。我们能从他的小眼睛里读出恐惧。突然孩子哇哇大哭起来。爸爸可能会说："我没骂他，哭啥啊？还恶人先告状。"其实孩子不是"告状"推卸责任，而是他看见一地碎片知道自己做错了，在爸爸的表情中识别出爸爸生气了，于是用大哭来表达情绪。"哭"的背后不仅有害怕，也有做错事的羞愧。羞愧是带有道德判断色彩的高级情感，是孩子情绪能力分化的表现。这时，父母要抓住这个分化的契机，把处理重点放在帮助孩子觉察自身情绪并学会正确表达上。

就上面的事件，我列举三个常见的处理误区，大家可以自我觉察一下。

- 误区1：火力压制型。有的家长看见孩子弄得一地狼藉还不认错反而大哭，于是大声开骂："哭什么哭？做错事了还发脾气？别哭，再哭我就把你扔出去！"很可能一边骂一边把地面收拾干净。

- 误区2：直接跳过型。有的家长担心孩子把场面搞得更乱或者急着收拾残局而跳过孩子情绪的处理。做法可能是赶忙把孩子带离现场："快走开，我来弄。上那边看电视去。"

- 误区3：指责否定型。有的家长觉得孩子总在添乱，给自己带来麻烦，经常用抱怨和指责的语气教训孩子："你怎么总是这样？跟你说过多少遍了，不要翻抽屉，就是不听。你以后不要翻抽屉了，知道吗？"

以上三种处理方式的共同点是既没有看到孩子的情绪又没有示范犯错后应该怎样收拾残局。如果想在上述事件中提升孩子的情绪力，需要做三件事。

第一件事是帮孩子厘清事件跟自己情绪感受之间的关系，如"宝宝是不是知道自己做错了所以才哭""宝宝是不是怕爸爸批评"，这就是情绪理解中的解释情绪因何而来。

第二件事是帮助孩子命名情绪，让孩子逐步学会识别自己处在什么情绪中，而不是总处在混沌的情绪状态中，如“宝宝现在是不是很害怕”“宝宝是不是觉得自己不是好宝宝”。这是情绪理解中的识别情绪。

第三件事就是教会宝宝尽量用语言表达情绪，语言能力还没发展起来的孩子，可以鼓励他们用恰当的动作语言表达。如“很害怕，对不对？可以哭呢。来，试着说说：‘爸爸，我怕你骂。’”“嗯，知道自己错了，对吗？来，抱抱爷爷，摸摸爷爷的脸跟爷爷道歉。”（用恰当的动作语言来表达愧疚的情绪）“很害怕，对不对？（可以抱着孩子）……嗯，哭得差不多了。来，我们一起去拿扫帚，把这里打扫干净好吗？”（处理完情绪后，带动孩子对事情的后果负责）总之，父母不要急着去收拾残局，不要急着让孩子认错，不要急着向孩子说教。这样做就错失了情绪力训练的好时机。

这个好时机的“好”就是情绪理解的关键期遇上了自主性发展的关键期。根据心理学家埃里克森的社会心理发展理论，2～3岁的孩子正处在自主性发展的关键时期，如果尊重孩子的自主性，孩子就能自然过渡到下一个发展阶段——主动探索期。这个时期的孩子开始发现自己应该对自己的行为负责，这与他们的自我意识发展，以及对他人意图的认识是紧密联系在一起的。

埃里克森认为，孩子的自主性发展取决于他们自主和探索的机会，因此父母的控制应该保持适度的平衡。如果父母保护过多，或者总否定孩子的探索行为，就会导致孩子在羞愧感和自我怀疑中慢慢变得胆小、不敢主动探索、黏人、总怕犯错，自主性的发展就停滞了。因此，埃里克森把这一时期的心理发展任务称为“自主对羞愧”。

心理咨询个案中，我们常遇到因孩子缺乏学习主动性而求助的父母，在追溯孩子的养育过程时，父母总能觉察到自己在孩子 2 ~ 3 岁的时候忽略了孩子的自主性发展需求。

缺乏自主性的孩子往往被愧疚感或羞愧感捆绑着。自主性带给孩子的体验是“我能行”，这种“我能行”的自我效能感孕育出自豪这一积极的情绪。可总被过度保护或者批评否定的孩子，就会在父母的脸色中内化“我给大家添麻烦了”“我又做错了”“我不够好”的消极自我评价，这些评价会带出羞愧的情绪。这种羞愧的情绪如果没有被觉察和处理，将一直以一种混沌的原始状态存在，长大后持续影响着孩子，让孩子在挑战面前踌躇不前。

羞愧感是童年及一生的核心情绪体验，在成人心理病理学中，长期存在的羞愧感甚至羞耻感的重要性已经得到广泛重视。最恼人的是难以在意识层面找到羞愧感产生的根源。因为它产生于语言能力较弱的幼儿早期，如果父母没有从小就培养孩子用语言描述情绪的能力，那就更难让这样的情绪被意识化。

学步期情绪力训练活动

◆ 活动1：我说你做

目的：让孩子辨别情绪与表情之间的关系，初步学会通过表情来识别自己和他人处在什么情绪状态中。

玩法：妈妈说一种情绪的名称，让孩子通过表情、动作把情绪表达出来。如果孩子语言能力好，还可以换过来，孩子说妈妈做。另一种玩法是妈妈说一件事，让孩子通过表情、动作来表达他对这件事的情绪感受。例如，妈妈买了新玩具给孩子，这时候孩子会表现得很开心。

◆ 活动 2：亲子绘本阅读

目的：感知绘本角色的情绪状态。

玩法：挑选适合低幼孩子的情绪管理主题绘本。建议选择一本讲述某种情绪的绘本，情节简单、角色的表情容易被辨识，在愉快的氛围中展开亲子共读。父母可以重点引导孩子去观察绘本角色的表情，以及它们处在什么样的情绪中，如提问：哪只小动物不开心了呢？

学前期（3 ~ 6 岁）：掌握情绪表达的关键期

相对于前面的婴幼儿期，这个时期的孩子在情绪理解上体验越来越丰富和深刻，体现在两个方面：一是激发孩子情绪体验的事物更加丰富了。以前是好吃的食物、好玩的玩具，上中大班后游戏获胜、和小伙伴友好相处、老师的表扬等都会让孩子更高兴；二是孩子的情绪分化出许多高级社会性情感，如道德感、美感等。同时，学前期孩子能够用语言命名绝大部分的情绪。他们有能力回顾自己的情绪和想法，经历情绪性事件后情绪会持续一段时间。

在情绪表达上，学前期孩子的情绪稳定性逐渐提高，情绪冲动性逐渐减少，情绪表达由外露到内隐。例如，孩子受委屈的时候努力控制自己不要哭，在害怕的时候提醒自己要表现镇定。

在情绪调节上，孩子得以学习更加积极的情绪调节策略；同时情绪开始展现出更明显的环境适应功能和社交功能，孩子在独处时以及和他人相处时能感到舒适和愉悦，形成积极的自我价值感。

学前期情绪力训练重点：让孩子用恰当的方式表达情绪

这一时期儿童的大脑具有更强的执行功能，对冲动的控制能力更强，大脑已经准备好去学习如何恰当表达情绪。父母可以通过下面的方法促进孩子情绪表达能力的发展。

- 具体示范恰当的情绪表达：父母和孩子列举在不伤害自己、他人或物品的情况下恰当地表达和释放情绪的办法。

- 多与孩子谈论情绪、讨论情绪表达的规则。

- 为孩子设一个“情绪缓冲区”：在家里给孩子安排一个舒服、安全、自由的地方，让孩子从小有一个可以独处的空间。

- 倾听孩子：先倾听再作出回应，然后对问题提出建议。

- 对孩子的情绪调节策略有更多的关注：要积极关注孩子为使用策略所付出的努力而不只是表扬结

果，如表扬“刚刚我看到你很努力地用握拳的办法让自己不要砸东西，这是怎么做到的？你说说，我很愿意听呢”，而不只是简单表扬“很乖，这次没哭没闹，这就对了”。

学前期情绪力训练难点：让孩子学会用建设性的方式表达消极情绪

不少父母经常抱怨学前期的孩子脾气越来越大，用破坏性的方式表达消极情绪。例如玩具被抢走了，向对方吐口水或者挥拳表达自己的愤怒，无法用语言进行沟通和协商。

根据笔者在咨询中的观察，用破坏性方式表达消极情绪的孩子常伴随以下三种困扰。

- 语言表达能力不足，尤其是用语言表达情绪、情感的能力不佳。

- 家里缺乏学习情绪表达的榜样。

- 难以体谅他人。

这些困扰导致孩子在情绪理解上出现难题，无法了解自己的行为会对别人造成什么影响；在表达上也停留在低幼阶段，受身体感受的支配、用动作直接表达感受。

如果家中有爱发脾气的孩子，请记得他最需要的是大人的引导，教他学会觉察别人的感受，教他用安全的方式让情绪冷静下来。唯有这样，他的心才会变得柔软，他才有余力学会控制情绪。相反地，以高压方式责骂或者孤立孩子，往往会让孩子的心肠变得坚硬、防备，更不愿意学习控制自己的情绪，结果反而让问题变得越来越大。

学前期情绪力训练活动

◆ 活动 1：情绪脸谱

目的：这是促进情绪理解的亲子游戏。教孩子认识不同的情绪，重点理解除了基本的喜、怒、哀、惊、恐、爱，还有介于它们之间的各种复杂情绪，引导孩子理解情绪是怎么产生的。

玩法：用一些 A4 纸画好或者打印好人脸图（情

绪脸谱)，如下图。父母可以用第三人称讲述一个情绪色彩较浓的故事，故事内容是孩子熟悉的情景。然后用讨论、分享的态度，让孩子选择不同的情绪脸谱来代表故事人物的情绪，并用语言表述角色的情绪是怎么来的。

◆ 活动 2：身体告诉我生气了

目的：这是引导安全表达愤怒情绪的游戏。教会孩子当生气时要用安全的身体语言表达“我现在生气了”，而不是通过骂、打、掐、踢、吐唾沫、咬等攻击性行为表达情绪，这样可以提高孩子认识和表达愤怒情绪的能力。

开始生气时做这些动作，可以帮助我们在愤怒的强度加大之前对情绪产生防御和阻断作用。感到非常愤怒的时候，如果任其发展，那么其强度会越来越大，我们很容易说出攻击性语言，做出攻击性行为。如果我们在有点生气时意识到这些情绪变化，提前阻断这种情绪，就不会用不良行为去表达，而是会安抚内心，逐渐让自己平静下来。通过“身体告诉我生气了”的练习，不是让愤怒的情绪跟“我”成为一体，而是把愤怒时的情绪从“我”身上分离开来。这个游戏很适合不擅长用语言表达情绪感受的孩子。

玩法：通过各种剧本跟孩子一起做出有趣的姿势来表达自己的愤怒，同时帮助孩子去练习。

【剧本 1】

在超市，我发现有自己非常想吃的冰激凌，便想让妈妈给自己买，但妈妈说吃冰激凌会让牙齿烂掉，所以不能买。这时不要耍赖皮纠缠不休，而是把两根食指放到头上做成犄角的形状说：“我现在生气了。”

【剧本 2】

跟表哥玩电脑游戏时我一直输，这时不要大喊大叫，而是做“沉默的呼喊”动作（做出喊叫的表情，但不发出声音）。

【剧本 3】

肚子不饿不想吃饭，但妈妈硬让我吃。这时不要扔饭碗，而是用“乌龟脖子技法”（像乌龟一样收缩脖子）。

◆ 活动 3：情绪大释放

目的：这是练习情绪表达的活动。让孩子在安全的环境中，无拘无束地释放出情绪能量。

玩法：

①清晨或黄昏，带孩子到空旷的场地，让他模仿小动物的叫声。如果是有回声的场地，效果更好。

②启发孩子想象一下，没有语言的猿人是如何表达高兴、害怕、愤怒、喜爱的感情的，然后与孩子交

替发出表达这些情绪的吼声。

提示：家长要提醒孩子音量不可过大，要保护自己的嗓子。

◆ 活动 4：情绪大风吹

目的：父母示范正确、坦诚表达情绪的方式，为孩子树立一个表达和处理情绪的好榜样。

玩法：家人一起谈论今天发生的事情，分享彼此的喜怒哀惧。父母与孩子同时坐在不同的椅子上，由其中一人发号施令。指令可为“大风吹，吹什么？吹今天想要发脾气的人，吹生气时会坐在地上耍赖的人，吹生气时会哭的人”等。符合指令的人要站起来向其他人分享相关的事。建议首先“吹”父母，等爸爸妈妈做出良好示范后再“吹”孩子，一开始就“吹”孩子，会让孩子产生戒备心理，认为爸爸妈妈是换着法子批评自己。

学龄期（6～12岁）：掌握情绪调节策略的关键期

在学龄期，儿童的生活环境、人际关系等都发生了重大变化，他们在情绪能力的发展上也呈现出许多新特点。

在情绪理解上，学龄期孩子已能够认识到与自我评价有关的一些情绪体验，如骄傲、自豪、悲伤、内疚等。到小学高年级时，孩子已不需要教师通过他们的成绩来激发他们的自豪情绪。同时，学龄期孩子已能认识到情绪的因果关系，知道特定的情绪总是有原因的，而同样的原因会使背景、经验和个性不同的人产生不同的情绪。

研究还发现，小学生已逐渐获得了区分内部情绪感受与外部情绪表达的能力，而且能够对两者间的差异进行解释。例如二年级的孩子会说“别看姐姐表面上像没事人一样，可她心里很难受的；她掩饰情绪的原因是怕爸爸妈妈担心”。以上的发展特点都表明小学生能够更加弹性和灵活地理解情绪了。

在情绪表达上，在平静化、夸大、掩饰和弱化4种情绪表达策略中，学龄期孩子用得最多的是平静化策略。这个研究结果给了父母一个很重要的提示：不要认为孩子看起来没事就忽略了孩子的内在感受。研究发现，女孩比男孩更擅长调节情绪。这种差异在低年级时尤其明显。

心理学家泽曼等人通过研究发现，面对负面情绪，男孩倾向掩饰痛苦的情绪，女孩更可能掩饰愤怒；女孩更擅长自我疏泄情绪，或直接表现某些情绪以寻求他人的支持和帮助，而男孩则较少寻求情感支持和帮助。这可能与社会对男女角色的期望不同以及情绪社会化过程的差异有关。我们的文化对于男孩生气、愤怒等带有攻击性的情绪表现比较宽容。父母倾向对女孩谈论情绪话题，女孩因此表现出较高的情绪能力。

学龄期情绪力训练重点：让孩子掌握积极的情绪调节策略

儿童的情绪调节策略包括认知重评、问题解决、替代活动、发泄、被动应付、自我安慰6种。其中认知重评最能体现情绪调节的创造性和主动性。研究表明，儿童期展现的认知重评创造性能够预示成年后的情绪健康水平。也就是说，越是能用创造性的、积极的视角重新建构事件，让自己更有弹性地看待问题，就越能获得更多的积极情绪体验。

本书第一章中介绍了情绪的“ABC”理论，谈及引起情绪的不是事件本身，而是我们对事件的信念。不合理的信念带来消极的情绪体验，其特征是用一种刻板的、非发展性的、消极的视角去看待事物，用心理学术语表述就是“缺乏心理弹性”。在农耕时代，是否拥有心理弹性，是一个发展性问题，还不至于是一个生存性问题；就是说刻板一点还能活，只是有时候比较拧巴。当今社会，是否拥有弹性的情绪调节策略成为每个人必备的生存发展能力，因为只有这样我们才能不被高级人工智能取代。

学龄期儿童的抽象逻辑思维和自我认识能力都在迅猛发展，初步发展出批判性思维。父母要抓住这个认知发展基础，让孩子学习用更加弹性的方式去对不合理信念进行认知重评。其中最直接的做法就是把言语中那些缺乏弹性的不合理信念用词直接改为更有弹性的表达，如表 3 所示。

表 3　运用弹性对话技术转化不合理信念

不合理信念	弹性对话	合理信念
绝对化的要求： •我必须…… •我一定要…… •我应该……	•引导孩子关注和觉察情绪，并鼓励说出来 •一起分析信念的不合理性，教会孩子与不合理信念辩论 •引导孩子观察身边有心理弹性的朋友	具有弹性的期待策略： •我计划…… •我希望…… •我尝试着……
以偏概全的评价： •他们总是…… •世界就是这样子的 •这是绝对不可能的		具有弹性的观察策略： •他们有时候会这样 •世界有很多面都是我不了解的 •这种可能性还是有的，只是概率大小的问题
灾难化的推理： •这糟糕透顶了…… •这次无法挽回了 •我以后一定会一事无成		具有弹性的自我鼓励策略： •事情不顺利，要再看看 •现在遇到瓶颈了，要再想别的办法 •现在遇到困难了，让我很担忧

学龄期情绪力训练难点：让孩子理解混合情绪

理解混合情绪是指儿童认识到同一情景可能会引发同一个体两种不同或矛盾的情绪反应。9 岁左右是理解混合情绪的飞速期。因为9岁是抽象逻辑思维发展的关键期，能初步理解对待同一件事情上人们可以拥有多种对立统一的情绪，同时自己又能清晰地感受到多种对立情绪冲击下的不适感。如果能消化情绪复杂性带来的混沌感，将为承接青春期的情感风暴打下良好的基础。

父母可以这么做

- 用弹性的态度去谈论事情：避免非黑即白地表达观点，示范如何多角度地看待问题。
- 允许矛盾性的存在：对于一个人同时存在多种矛盾的情绪表达理解，不会轻易说“这怎么可能，人格分裂了吧”“那样是不对的，只能这样”。
- 多分享具有创造性的故事：有意多跟孩子分享关于自己、身边人、影视角色等如何创造性地解决问题、如何恰当表达自己。
- 传授安抚自己的策略：培养孩子应对强烈情绪的方式，当孩子出现强烈情绪的时候提醒他们运用这些技巧，例如做手账、阅读、做手工、听音乐等。

学龄期情绪力训练活动

◆ 活动 1：100 分的抱抱

目的：这是情绪调节活动。当孩子情绪突然爆发，父母可以尝试用“100 分的抱抱”安抚和纾解孩子情绪。亲密关系中很重要的一部分是亲密接触，所以当情绪爆发时，有效的安抚手段是亲吻与拥抱。

玩法：发出拥抱邀请：“妈妈／爸爸知道你现在很生气（情绪状态），我很理解，我可以抱抱你吗？”依次给出不同分数等级的拥抱：

10 分的抱抱：“你现在一定很难受，对不对？我先给你一个 10 分的抱抱。”（轻轻地搂着）

99 分的抱抱：“你现在好一些了吗？那我要给你一个 99 分的抱抱了。”（紧紧抱住，可以伴随挠痒痒、哈气等）

100 分的抱抱：“你真是个可爱的孩子！我还有一个 100 分的抱抱，你要不要试一下？”（紧紧抱住，然后左右晃动，并说：“给你 100 分的抱抱。”）

待孩子情绪恢复平稳后，再来处理具体事件和情绪。

◆ 活动 2：情绪放大镜

目的：这是应用情绪“ABC”理论的情绪调节游戏。目的是让孩子辩证地理解情绪的多样性，学会把消极的想法转变为积极的想法。通过这个游戏告知孩子，世界上所有事情都有好的一面和不好的一面，我们拿什么样的放大镜、什么样的视角去看，会决定我们所看到的是好还是坏。这项游戏让那些总是看到不好的一面的、爱钻牛角尖的孩子认识到所有事情都有两个方面，学会用不同的观点看问题。提醒他们每个人都要用不同的视角解释问题，想法不同是很自然的。这个游戏对那些不如自己所愿就心烦或发火的孩子非常有效。

玩法：我们可以问孩子不好的想法变成后来好的想法时心情如何，孩子可能会说：

“一开始我生气，想和他打架，可是后来有了好想法以后，就没那么生气了。”

“是吧？那么，让我们再做一个游戏，这次由你来说你喜欢什么，好吗？”

“我喜欢电脑游戏！”

“你为什么喜欢电脑游戏呢？”

“有意思。玩完了也就可以发泄完了。”

“那么不好的地方呢？让我们用‘不好的’放大镜来说吧。”

“嗯……玩的时间长了眼睛疼，还有就是不想学习。”

“是的。你喜欢的东西，用‘不好的’放大镜看了后，你打算怎么做呢？”

“我想，我不能玩得太多。”

温馨提示：不是通过一次游戏就能达到理想的效果，平时要好好观察孩子的语言和行为，如果孩子说出消极的话，就提醒他们：“现在用‘不好的’放大镜看问题了吧？让我们改成‘好的’放大镜吧。”帮助孩子把错误的想法（信念）改成积极的想法（信念）。

◆ 活动 3：深呼吸放松法

目的：这是让孩子学会自我放松的情绪调节练习。处理消极情绪的时候我们头脑需要比平时更多的氧气，因为这时身体很难把空气输送到大脑，所以要用深呼吸补充氧气让身心稳定，烦躁的内心会变得舒服并拥有安全感。

玩法：当孩子有发脾气、焦虑不已等迹象时，可以帮助孩子用深呼吸法让自己放松下来。

“你呼吸急促，脸通红，‘生气按钮’打开了是吧？我们来慢慢练习肥皂泡泡呼吸吧，看能不能把‘生气按钮’关上。请把左手放到肚子上，慢慢地吸气，肚子慢慢鼓起来了吧？再慢慢地呼气，能感受到气从肚子里呼出去了吧？重新再吸气、呼气。”

刚开始训练时，孩子可以在父母的指导下用肥皂泡泡呼吸的方法来调节，渐渐地可以让孩子习惯自己调节情绪。

◆ 活动 4：情绪日记

目的：这个游戏适合中高年级的孩子，引导孩子用书写的方式来表达情绪，更有价值的是在文字描述情绪的过程中能够重构对事件的看法，对自己的情绪有了更全面的认知。这是一种高级的情绪调节策略。

玩法：每天晚上留一段时间，让孩子回顾当天的感受，说说一天里让自己印象深刻的事情。一开始父母可以邀请孩子一起进行梳理，再后来可以鼓励孩子用记日记的方式记录下来。为了增加趣味性和创造性，父母可以带孩子选购诸如纸胶带、荧光笔、贴纸等手账工具去完成情绪日记。

请注意，梳理情绪时父母和孩子都要进行梳理，这是一个分享的过程而不是你问我答的会话。梳理的内容包括但不限于：

- 今天我做了什么事／遇到什么事。
- 我的情绪是怎样的。
- 我对事情的看法是什么。
- 我采用了或者打算采用什么方法。

父母可以这么做

- 婴儿期要跟孩子有高质量的情感互动，丰富婴儿对情绪的感官刺激。
- 学步期幼儿的自主性发展迅猛，带来更丰富的情绪体验，父母要及时回应和引导。
- 在学前期让孩子学会觉察负面情绪并创造性地表达情绪。
- 引导学龄期孩子辩证地认识情绪，学会用弹性的策略调节情绪。

父母千万不要这么做

- 违背儿童情绪力发展规律，过高要求儿童的情绪管理能力。
- 用说教、压制、抱怨、怪罪他人的策略处理儿童情绪，不懂运用有趣的亲子互动游戏来教授情绪力技巧。
- 没抓住不同阶段的情绪力发展重点。
- 回避情绪力发展的难点，错失了最佳的训练关键期。

本章总结

本章着重介绍了父母开展儿童情绪力训练的各阶段重难点和可供参考的练习活动。

首先介绍了情绪力的三个维度：

- 情绪理解，指对所面临的情绪线索和情境信息进行解释的能力，包含识别和归因两个过程。

- 情绪调节，指的是个体有效管理控制自身情绪、合理应对不良情绪、保持积极乐观的能力。

- 情绪表达，指的是个体对情绪外部表达成分的调控能力。

然后介绍了儿童情绪力发展的规律和训练方法。

- 婴儿期（0～1岁）是儿童情绪力的奠基期。训练重点是通过高质量的情感互动为情绪力打下良好的生理基础，难点是新手妈妈需要在忙乱中保持情绪的稳定。

- 学步期（1～3岁）是儿童发展情绪识别和觉察的关键期。训练重点是教会孩子觉察和识别自己处在何种情绪状态中；难点是父母通过接纳、命名和引导，让孩子学会觉察和表达羞愧感。

- 学前期（3～6岁）是儿童掌握情绪表达的关键期。训练重点是让孩子用恰当的方式表达情绪，难点是让孩子学会用建设性的方式表达消极情绪。

● 学龄期（6 ~ 12 岁）是掌握情绪调节策略的关键期。训练重点是让孩子掌握积极的情绪调节策略，难点是让孩子理解混合情绪。

3

第三章

父母是最好的情绪力训练师

第二章着重讲父母开展儿童情绪力训练的各阶段侧重点和可供参考的练习活动。

孩子是独立的生命体，不可能按照父母的意愿和书中所讲的内容按部就班地接受情绪力训练。所以，要落实第二章的情绪力训练内容，父母需要学习训练的技能，或者理解为教学心法。

本章先介绍了开展儿童情绪力训练的两大心法——先处理心情，再处理事情；立场要坚定，态度要热情。然后再谈训练的 4 个行动要领。

先处理心情，再处理事情；立场要坚定，态度要热情

先处理心情，再处理事情。这是重中之重，往往决定了情绪处理过程的成败。

先处理心情，再处理事情，指的是要先把孩子的情绪“接过来”，不要急着去解决问题。怎么理解这个“接”？大家不妨想象这样的场景：你爱慕的人送你一份礼物，你当然非常珍视也受宠若惊，伸出双手虔诚地把礼物接过来，小心翼翼地捧在手里反复看。这时候对方会感受到你的爱意和真诚。与之相反的做法是不伸出手接，只是站在原地问，甚至失去耐心：

“这是什么？搞这么神秘干吗？快说。”对方的感受可能是：“如果不是什么值钱的你就不接了，对吗？那我收起来算了，因为在你眼里这不算什么。”就这样他以后都不给你送礼物了，沟通的大门慢慢就关上了。所以，先不要关注盒子里有什么，而是虔诚地把盒子接过来。

同样的道理，对待孩子抛来的“情绪盲盒”，父母先不要急着拆开看里面是什么，也不要急着根据盒子外观就对里面的东西妄下判断；父母只需要轻轻接过来、小心翼翼捧着，压抑住拆开的冲动，细细打量盒子本身，等待孩子引导我们打开这个“情绪盲盒”。

以下用一个例子，列出了7种“不接”或者“接不住”情绪的做法（见下页表4），大家可以看看有没有“踩雷”的地方：

8岁的女儿跟妈妈说语文老师冤枉她，抽背课文时她只是一句话没记住，老师就说她昨天没背书，没有完成作业。周围的同学也在起哄，全班都嘲笑她。说着说着女儿就哭了，发誓以后再也不听语文课了。

表 4 “不接”或“接不住”情绪的 7 种回应

“不接”或“接不住”情绪的做法	妈妈的回应	孩子的心里话
直接否定情绪	“这有什么好哭的，小题大做！这点小事你就不听课？”	“你竟然说我小题大做？我就不听课，看你怎么办！”
急于给意见	“你有没有追上去跟老师解释啊，给老师道个歉。”	“说当然容易，你试试啊。这么多同学盯着呢。”
转移话题，哄哄就好	“好了好了，别哭了。过来洗手吃饭，有你最爱吃的可乐鸡翅。”	“我还没说完呢。每次都是这样，不跟你说就是我不好，跟你说了你又不听我的。”
连续发问	“你昨晚不是背下来了吗？当时是不是很紧张？你好像这种时候特别容易紧张对吗？”	“我不知道怎么回答你。好多好复杂，你在说什么？”
用大道理说教	“哭有用吗？社会就是这样的，有就是有，没有就是没有，大家只看结果，没有人关注原因，就是这样残酷的。你不听课是你吃亏，老师又不亏。”	“好烦啊，说来说去都是这些。我不觉得我亏，不听就不听。”
偏袒对方	“老师这么说你没错啊，同学笑你也应该啊，谁叫你没做好呢？你还好意思说以后不听课。”	“那就都是我错了，每次都是我不对人家对。”
指责	“我都说了，不是背出来就完事的，一定要多背几次，滚瓜烂熟才行。你就是不听，你真是太懒了。现在还敢找借口说不听课。”	“好了好了，不要说了，一张嘴就是骂人。”

在表4的7种回应中，孩子的委屈不但没有消退，反而加深了，甚至还激发出逆反的情绪。原因就是这7种回应方式都把顺序搞反了——成了“先处理事情”而不是“先处理心情”。

先处理心情，就是从情绪力的第一个维度理解情绪，具体就是第一时间去觉察和识别孩子的情绪，只做觉察和识别，不做对错判断。这个过程非常重要，甚至是负面情绪处理中的决定性环节。

一方面，觉察和识别情绪让孩子看清了自己处在情绪中，这才有了后面对情绪是如何引发不恰当行为的思考，情绪力的另外两个维度——情绪调节和情绪表达——才得以发生。如果越过这个环节，先处理事情，那么被激发起的情绪将会以一种混沌的方式存在，孩子只感受到说不出的难受，但无法摆脱，这时候就很容易跟随一种本能反应去行动——怎么舒服怎么来，例如以后不听课，以摆脱这种模糊的心理不适。这样就无法启动积极的情绪调节策略，也难以恰当地表达自己的情绪。

另一方面，先处理心情有助于亲子关系的建立。父母让孩子感受到爸爸妈妈能够理解自己正处在什么样的情绪中，是一种“看见”的力量，这能让父母和孩子双方建立起信任的关系。毕竟情感关系更多建立在情绪感受上，而不是建立在谁有道理上。

可惜在现实中，很多为孩子总爱发脾气而头疼的父母，恰恰是先处理事情。第一时间就事论事开始教育，生怕自己不教孩子就不懂。其实我们都很清楚，关于道理，孩子比我们懂得还多、说得更动人，可就是不执行。这种言行不一致的原因就是孩子的情绪没有得到理解和尊重，处在消极情绪体验中的孩子自然难以输出正向的行为了。

回到上面的例子，先处理心情再处理事情的回应方式，可以是：“嗯，今天的语文课你觉得被老师误解了，还被同学嘲笑，看来真是很不容易的一天，很委屈吧？”(同时可以把孩子抱在怀里)

上面这段话传达的意思是：“你的心情妈妈感受到了，也很愿意听，你快说说吧。”这样做能让孩子的情绪平缓下来，认为妈妈是理解自己的人，于是能心平气和地复盘所发生的事情。此时，父母去处理事情自然就水到渠成了。

立场要坚定，态度要热情

这指的是不能为了尽快让孩子从消极情绪中出来就放弃原则，丧失边界；父母在守护规则的同时也要稳定住情绪，不轻易动怒。一句话就是温柔地坚守原则。

不少父母在上面的“先处理心情，再处理事情”的过程中会心存疑惑：接纳孩子的情绪不就相当于纵容孩子乱发脾气吗？他能学会明辨是非吗？父母的忧虑是可以理解的。只是我们需要明确一点，接纳孩子的情绪、承认孩子的感受，不等于认同孩子的行为。这个坚定的立场和热情的态度需要始终贯穿在处理心情和处理事情的过程中。

所谓立场要坚定，就是要求父母不要因为自己不想管、怕孩子闹、被孩子威胁说不做某事（如例子中的不听课）等原因而丧失了原则和边界，放纵孩子的错误行为。态度要热情，就是父母自己要做良好情绪力的表率，不要自己先情绪失控了，成为情绪调节和情绪表达的反面教材。

回到上面的例子，在“先处理心情，再处理事情；立场要坚定，态度要热情”心法的指导下，妈妈可以这样初步回应：“课文没背出来被老师批评，确实委屈，同学这么嘲笑也太让人难受了。于是你气得以后都不想听课了。如果今早起来再背一次课文，估计就不用这么尴尬了。”

从情绪力角度看，妈妈首先觉察到孩子的情绪（委屈、愤怒），解释了情绪感受何以发生（被批评）；然后指出了孩子的情绪调节策略（以后不听课了，属于发泄和被动应付策略）。这个初步的回应既表达了理解又提供了建议，全程没有认可孩子的不恰当行为，也没有否定式的说教。

父母可以这么做

- 要想顺利进行情绪力训练，首先要深刻理解情绪力训练的父母心法：先处理心情，再处理事情；立场要坚定，态度要热情。
- 要先接纳孩子的情绪，情绪同频后再处理事情。
- 不要因为怕孩子闹就放弃立场，毫无原则纵容孩子的不良行为。
- 热情的态度不代表认同孩子的不良行为，我们可以温柔地坚持立场。

父母千万不要这么做

- 否定或拒绝孩子的情绪，急着告诉孩子他要怎么做。
- 丧失边界，为了息事宁人而失去父母的权威。
- 与孩子谈论情绪时，自己先失控了。

4个行动要领，让你成为优秀的情绪力教练

情绪力训练的父母心法“先处理心情，再处理事情；立场要坚定，态度要热情”，对父母如何平衡理性功能和感性功能挑战颇大。以下4个行动要领将帮助大家成为兼具理性和感性的好教练。

要领1：竖起耳——倾听孩子

倾听（attending），有参与、专心、注意之意，并非“聆听”（listening）；不是单纯地听，还包含

着很多反应，如观察、抓住关键信息、给予倾诉者回应、关注感受等。也就是说，倾听是需要付出努力的，不是自然发生的，它需要学习和训练。

人本主义心理学家罗杰斯把倾听称为“一种尚未得到充分珍视的处世方式”。他之所以说“尚未得到充分珍视”，是因为在他看来，很多人认为倾听是一件非常简单而且做起来非常容易的事情；可惜实际上只有很少人能够发展出倾听他人的能力。确实如此。就连心理咨询师的会话技能培训中比重最大的训练也不是学怎么说话，而是学怎么听来访者说话。因为倾听是理解的基础，为沟通双方信任关系的建立铺平了道路。

孩子的情绪不是问出来的，而是听出来的

下面有一个小测验，可以了解一下自己是不是一个善于倾听的人。

请先用“是”“否”回答以下两个问题：

问题1：我宁可听具体明确的事，也不想听不切

实际的话。

问题2：别人讲话时，我会想若有机会我要说什么。

如果你这两道题的答案都是“是”，那么表明你现在还不懂得倾听。因为你在听的过程中没有把注意力放在对方的感受上，而是放在自己该做点什么上。也就是没有清空自己去容纳对方的倾诉。

倾听孩子，既包括竖起耳朵听，还包括察言观色、全程投入。以下就是倾听孩子的内容：

- 倾听孩子经历了什么。
- 倾听孩子的想法及其思维模式。
- 倾听孩子的行为表现和行为模式。
- 倾听孩子的情绪、感受。
- 倾听孩子的非言语信息（语气、语调、面部表情、肢体动作等）。
- 倾听孩子的优势、机会和资源。

表 5 分别列出了懂得倾听的父母和不懂得倾听的父母的行为清单，供大家参考。

表 5　父母行为清单

懂得倾听孩子的父母	不懂得倾听孩子的父母
• 孩子说话时专注地看着孩子	• 不保持目光接触（目光游离）
• 对孩子的语言和非语言行为保持注意和警觉	• 心烦意乱或者心不在焉，不注意孩子
• 容忍且不打断（等待孩子讲完）	• 打断孩子，时不时插话（不耐烦）
• 善于使用语言和非语言来表示回应，例如适当点头，说“嗯嗯”	• 没给出反应，以致让孩子觉得父母没有在听
• 用不批评、不否定的语气来提问	• 过程中总在质问孩子
• 解释、重申和概述孩子所说的内容	• 听完就算或者离题发挥
• 分享自己的感受	• 指责、急着教育
• 显示对孩子的兴趣	• 听的时候玩手机，各种分神
• 展示关心的态度，并愿意倾听	• 意兴阑珊，一副希望快点结束的样子

要领 2：走进心——共情

共情就是进入对方的内心世界并试图理解对方的能力。它的英文叫 Empathy，中国台湾地区翻译为“神入”。“神入”这一翻译很传神，一下子点出了共情要进入对方精神世界的实质。

与其说共情是一种沟通的方式，不如说共情是情绪力训练的首要价值观，因为它是让情绪力训练方法能顺利落地的保障。日本心理学家河合隼雄这样告诫父母：如果你不卷入其中，就想说服一个人，那你就是在痴心妄想。

共情就是父母穿孩子的鞋走孩子的路

父母对孩子的共情不是简单的换位思考，而是换位体验，两者本质上是不同的。换位思考强调的是理性层面的评价、判断和推论；换位体验就是要求完全站在孩子的内心世界里，站在孩子的角度去感受孩子，体验孩子的体验。这相当于父母穿上孩子的鞋，走孩子的路，获得一种感同身受，不是站在旁边看孩子穿鞋走路就妄自猜测孩子的脚感。这是共情最核心的部分。

5 步做到对孩子的共情

下面用一个例子来介绍共情的步骤。5 岁的小明用乐高积木叠了一座“摩天大楼”，喊妈妈来看，可妈妈没听见，于是小明跑去厨房拉妈妈出来。没想到动作太大把“大楼”撞倒了。小明急了，一边用脚踢倒其他积木一边哭着说：“妈妈最坏，要我去喊你，如果不喊你，我的积木就不会倒。”这种情况下，父母应该怎样共情小明呢？

第一步：了解信息。通过倾听了解孩子遇到什么事情，身处怎样的情境。

一个 5 岁的男孩因为发脾气踢积木，同时大哭不止，然后妈妈给他贴了一个标签“你总爱发脾气”。这就是事件和情境。

第二步：换位体验。代入到孩子的角色中，用孩子的身份去体会和想象孩子的想法、情绪、感觉、需要、目标等。

5 岁的孩子能有这样的想象力搭建出“摩天大楼”会很有成就感，妈妈是孩子最在乎的人，所以孩子肯定想跟妈妈分享。结果妈妈没看到，作品还不小心被碰倒了，真是很恼火。孩子估计不仅对妈妈恼火，还对自己的不小心很恼火。

第三步：表达感受。把换位体验后共情到的内容表达给孩子。

“宝宝是想给妈妈看看自己的作品，对不对？可是妈妈没及时过来，宝宝跑过来就把作品碰倒了，妈妈看不见了。你很失望，也很生气对吗？没看见确实挺失望的，妈妈也心疼作品倒了。”

第四步：验证。感受和观察一下孩子对父母的共情的认同度。

如果被共情了，大多数情况下，孩子的情绪会缓解，他也更愿意继续诉说。如果孩子表达出不接受被共情的内容，那么父母可以用“给我一个机会试试再感受一下”的态度去换位体验孩子的感觉，然后表达出来。常用的语句可以是：“嗯，不是这样的啊。那妈妈再猜猜。我说对了，你就抱抱妈妈，说错了就摇头。你是生自己的气？（孩子摇头）……伤心是因为不能拍照发给老师看？（孩子抱了抱妈妈）”

第五步：再表达。被共情的孩子可能会越说越多，甚至之前被压抑的情绪都被带出来。

这时父母要把前面四步的过程再走一遍，你会发现沟通变得越来越顺畅，我们对孩子的理解也会越来越多，孩子对我们的信任也会越来越多。例如，例子中的5岁男孩说："妈妈，我真的搭得很高的，你没看见，真的很高的。你要相信我，你总是不信我能搭这么高。"在这里，孩子表达出的感受是：妈妈经常不信任自己的能力。

反复练习共情的表达公式

"你经历……所以你感到……"先用自己的话把听到的事情经过、孩子的做法、他人的反应、事情的结果、孩子的情绪调节策略和表达方式等信息说出来，不要用指责的口吻，然后用恰当的情绪词汇帮孩子把感受说出来。让孩子识别出自己处在何种情绪中，理解情绪是怎么随事情的发展逐步产生的。表达公式既传递出一种倾听的态度，也帮助孩子跳出来看看自己的情绪力。

要领 3：管住嘴——有话好好说

“态度要热情”，指的就是父母要好好说话，避免消极的沟通模式，不要把沟通的过程变成镇压、威胁、权力斗争和单向输出。

孩子眼里，这就是大人们不好好说话

在笔者带领的一个儿童心理成长团体中，10 位 8～9 岁的孩子讨论了最不喜欢跟什么样的大人聊他们的情绪感受，哪怕这些大人很主动甚至是讨好式地想跟他们沟通。以下是最能让孩子们有共鸣的答案，也就是他们最不喜欢的品质。

- 总是喜欢指点江山、指手画脚。
- 满嘴大道理。
- 老想让孩子听他的。
- 一开口就是指责、批评和否定。
- 总是一边看手机一边跟孩子说话。

- 老想着套孩子的秘密。

- 他说什么都是对的，孩子说什么都是错的。

- 很容易过分担忧，一点小事就很紧张。

上面的答案与不好好说话的三大特征很一致。

不好好说话的第一个特征就是负面评价孩子，包括贴标签、批评、嘲笑、讽刺。一些父母错误地认为理解包容孩子的情绪会宠坏孩子，孩子容易得意忘形、是非不分。错了，负面评价并不能把孩子变得更好，反而会让他们变得退缩。

不好好说话的第二个特征是爱说教。每个人都有被认可、被尊重、被信任的需要，哪怕是几岁的小朋友。说教表面传递的是正确的话，可对方感受到的言外之意就是“你觉得自己是对的，要我听你的”。

不好好说话的第三个特征是给予太多的命令或建议。这严重干扰了孩子的自主性发展。

以上三个特征会把孩子推开，亲子间无法建立起信任的关系，没有信任关系哪来情绪力训练呢？

记住这两个“不要”，可以有效管住嘴

一是不要忘了共情。父母要尝试从孩子的参照体系去理解他所看到的世界。为什么强调共情？因为不少爸爸妈妈发现孩子总不能认同自己的时候不知不觉就着急了，忘记了要共情，于是对话就从合作式变成了命令式。

二是不要把说服孩子作为对话目的。一旦有必须说服对方的预期，合作式的谈话就难以发生，孩子对自己是不是被控制有着敏锐的直觉。就算他们迫于父母的权威而表示顺从，也只不过是把自主性被剥夺的感受压抑下去罢了。到青春期的时候很容易大爆发，所以说没有无缘无故的逆反，只不过是冰冻三尺非一日之寒而已。

具体到说话技巧，我们可以试着学习“我向信息”的会话来练习好好说话。“我向信息”就是指不带评判色彩地陈述我们对某一特定行为或情况的看法。与之相对应的是“你向信息”，就是对他人的态度、做法或者性格的评价。家有 2 岁以上的孩子，父

母就可以多用这样的沟通方式。我们用一个例子来说明“我向信息”和“你向信息”的区别。

情景：孩子在地板上玩玩具，结束后没有收拾玩具。

你向信息：你每次都是这样，讲多少遍了，怎么就这么不乖，你是不是要累死妈妈？

我向信息：你玩完玩具没有收拾（行为），这让我很生气（情绪感受），因为这会让妈妈更累（结果）。

以上用这种方式说出父母的情绪，其实也是给孩子示范了一种恰当的情绪表达方式。

要领 4：巧引导——用儿童听得明白的话讨论情绪

大家设想这样一个情景，妈妈很想知道 3 岁半的儿子在幼儿园小班是否适应，是否开心，于是就跟孩子聊这个话题。

下表中展示了两位妈妈不同的沟通方式，大家看的时候体验一下，如果你是孩子，更喜欢哪位妈妈的沟通方式（表 6）。

表 6　两位妈妈截然不同的沟通方式

例 1	例 2
妈妈："你回来了？" 孩子："妈妈！（扑向妈妈）" 妈妈："（抱着孩子）今天在幼儿园都做了些什么？" 孩子："没做什么。" 妈妈："吃了什么点心？" 孩子："忘记了。" 妈妈："今天在幼儿园有没有想妈妈啊？有没有哭啊？" 孩子："（掉眼泪，委屈）妈妈，我不想上幼儿园。" 妈妈："（有点急了）幼儿园这么多小朋友，玩具也多，而且还能学本领……你肯定要去啊。"	妈妈："嗯！宝贝回来了。让妈妈看看！（专注地看了孩子一会儿）今天一定玩得很开心。" 孩子："对呀！我和豆豆一起玩搭积木，我们搭了一座动物园，然后，把许多玩具关进去当动物，很好玩……" 妈妈："哇！听起来真的很好玩，可惜我没有玩到。" 孩子："没关系！我教你玩。" 妈妈："太好了啊。谢谢宝宝小老师。那我要怎么玩啊？" 孩子："（一板一眼地）你要把小板凳搬过来，用小篮子装着积木，不准敲哦，会吵到其他小朋友的。"

大家可能发现了，两位妈妈在沟通态度上都是很亲切、很耐心的，可是例 1 中的妈妈沟通的结果就是孩子的消极情绪涌出来了，妈妈有点手足无措，估计还会沮丧地认为孩子在幼儿园不开心、适应得不好。

例 2 中的妈妈没有像例 1 中的妈妈那样去发问，而是用了分享、想象代入、角色扮演的方式去跟孩子沟通，从孩子的话里就能看出孩子在幼儿园里有朋友、会游戏、懂规范。

其实例 1 中的孩子也完全有可能像例 2 中的孩子一样度过了快乐的一天，只是妈妈抽象的开放式提问（都做了些什么？）让一个处在具体形象思维阶段的孩子无法回答；消极暗示（有没有哭）让孩子的分离焦虑一下子被激活了。

由此可见，只有用适合儿童的话去沟通，才能够有效引导孩子的情绪力发展。

以下给出几个行动建议。

使用符合儿童发展阶段的语言

根据心理学家皮亚杰的认知发展理论，2 ~ 7 岁的儿童处在前运算阶段，是具象思维的，倾向于用非常具体的方式来思考事情。例如 4 岁的孩子不能直接回答“3+4=？”的问题，但只要换为“妈妈买了3个苹果，爸爸买了4个苹果，一共有多少个苹果？”，他们很快就能通过数手指说出“7个”。

沟通的语言要简短明确、画面感强、多举例子。例2中的妈妈就很善于把自己想象代入到孩子的玩伴角色，语言的画面感很强，所以孩子一下子就被带进了愉悦的情绪中。

例1中的妈妈的问题很抽象，而且需要孩子回忆，这超出了他们的认知发展水平，所以孩子无法回答。

7～11岁的儿童处于具体运算阶段。这一时期孩子的认知思考方式逐渐变得复杂，虽然仍然以具体的思考方式为主，但是越来越有逻辑性。10岁左右的孩子开始用抽象的方式去思考一些终极性问题，例如直接发问学习的意义是什么。这个阶段的孩子语言能力更强，父母可以帮助他们控制自己的行为，如自言自语地鼓励自己不要生气，向父母描述自己的情绪状态等。这时需要父母在引导的语句中加入更多情绪词汇，协助孩子了解并处理复杂纠结的想法。

帮助孩子辨识生理的感受

感受基本上都是非语言的，所以跟孩子谈论情绪的时候，让感受和想法具体化是重要的起点。

以下是妈妈跟 8 岁儿子的对话，对话中妈妈引导有冲动控制障碍的孩子去觉察“生气”的情绪，也就是情绪力训练中的情绪理解维度。

妈妈：你身体的哪个位置会感受到你生气呢？是什么样的感觉啊？

儿子：我想打人。（孩子不能理解，而且处在激烈的情绪中）

妈妈：嗯，生气得不得了就想打人。我们先不去想怎么做，而是看身体哪个位置会告诉你生气了。（妈妈没有否定孩子的感受，耐心地继续引导）

儿子：我生气的时候会握拳头，握得很紧很紧，指甲把我的肉都刺痛了。我的头会很痛。还有我觉得很热，整个人都很热。

妈妈：所以你感受到你的手、你的头、你的身体都在生气。（明确地反馈，帮助孩子确认识别）

儿子：是啊，我这样就是生气了。（把身体感受跟情绪联系起来了，为下一步情绪调节和表达作好铺垫）

当谈话无效时，试试隐喻

隐喻又称暗喻，是将一种事物比作另一种事物。这两种事物首先是外形感官上的相似，更重要的是内心感受层面上的相似。例如男孩都很喜欢奥特曼，常常拿着变身器自导自演，这时候就是隐喻在发挥作用，男孩向往成为拯救世界的英雄，这与奥特曼的形象是一致的，能大大激活内心的英雄情结。

分析心理学把隐喻发生的过程称为“醒着做梦”。在儿童心理咨询中，隐喻是最常用的技术。角色扮演游戏、绘画、沙盘游戏、相互说故事、绘本阅读等都是通过隐喻的心理机制作用于沟通的双方。

年幼的孩子还没有足够的认知能力来觉察自己，

年龄较大的孩子则因为羞耻、挫败等原因不愿意谈论自己的想法和感受，这时隐喻就可以派上用场，它可以帮助父母跟孩子谈心时以已知喻未知，以熟悉喻不熟悉，以简单喻复杂，以具体喻抽象，从而帮助孩子读懂自己的情绪和想法，更好地表达内心的情感和愿望，进行认知重构，激发领悟。

下面介绍如何运用“忧虑树”（The Worry Tree）技术来帮助孩子处理焦虑的情绪。

使用背景

当孩子诉说他在学校里有各种让他焦虑的事情，父母往往会建议“你应该放开点”“你要学会接纳焦虑”，不仅是孩子，恐怕连成人都难以理解和落实。这时，把“放开”“接纳”这样的抽象概念具象化，就可以用“忧虑树”作为隐喻表达。

指导语

父母可以告诉孩子：“忧虑树”是一棵生命力很强大的树，它的存在就是为了托住孩子们的焦虑。孩子只需要把他所焦虑的事情交给“忧虑树”，拜托它保管，然后“忧虑树”的树枝就会垂下来，叶子慢慢变大，把孩子的焦虑全部包起来。“忧虑树”会为孩子保管情绪，直到孩子准备好去面对焦虑。“忧虑树”会因为孩子的托付而变得更有使命感，会越长越壮，所以孩子不需要为“忧虑树”担心。之后当孩子准备好的时候，就可以选择要把哪一件焦虑的事情从“忧虑树”那边拿回来。

具体操作

为了让“忧虑树”更加视觉化，让孩子真能在操作层面处理焦虑，父母可以邀请孩子一起在白纸上画出“忧虑树”，然后把一件件让自己感到焦虑的事情画出来，挂到树上。挂的过程中父母可以做出树枝下垂、树叶包裹的动作，最好能同步跟孩子角色扮演“忧虑树”说了什么、挂“焦虑”的孩子说了什么。这就是一个融合了游戏、绘画、想象等隐喻技术的生动过程。

父母可以这么做

- 专注地倾听孩子，孩子的感受不是问出来的，而是听出来的。
- 要用尊重、积极、耐心的态度跟孩子说话，促进情感的双向流动。
- 要用孩子听得明白的话讨论情绪。

父母千万不要这么做

- 不倾听孩子。
- 不设身处地去理解孩子。
- 只顾着单向输出，沉浸在自己的价值观中。
- 说话云里雾里，让孩子很困惑。

本章总结

本章介绍了父母在情绪力训练中的教学心法和行动要领。教学心法，就是落地情绪力训练内容的训练技能。

- 重中之重是谨记“先处理心情，再处理事情”，这决定了情绪处理过程的成败。其核心是要接住孩子的情绪。

- 立场要坚定，态度要热情，就是提醒父母要温柔地坚守原则。

落实心法的 4 个行动要领如下：

- 倾听孩子。做一个好的倾听者。
- 共情孩子。穿孩子的鞋走孩子的路。
- 好好跟孩子说话。用尊重、积极、互动的态度跟孩子说话。
- 用孩子听得懂的话讨论情绪。

4

第四章

做好情绪力训练，应对成长挑战

本章从孩子的常见问题入手，帮助父母换一个视角去理解孩子成长中的抽动、厌学、拖拉和过度敏感。

情绪力训练就是让父母使用情绪调节中的认知重评策略，尝试看见孩子在成长挑战中所做的努力，接纳他们的消极反应，引导孩子们用积极的、建设性的方式去调节和表达情绪。

儿童抽动或许是警报信号

所谓抽动，是指一些不由自主的、不自觉的、没有目的的、快速的、刻板的肌肉收缩，多数都是以面部肌肉和肩颈肌肉的抽动为主，比如毫无意识地突然耸肩、耸鼻子，迅速眨眼，或者做鬼脸。

这是一种运动性的冲动，另外有些抽动还会有伴随声音，比如清嗓子、吸鼻涕，更严重的可能会伴随一些怪叫，或者是伴随粗话。当这样的表现持续3～6个月，没有明显的缓解迹象的时候，医生可能就会结合其他临床症状，给孩子作出抽动障碍的诊断。

抽动障碍是儿童心理门诊中常见的神经发育性障

碍，发病的高峰期是 5 ～ 8 岁，男孩子比较多见。绝大部分的抽动都能随着年龄增大逐步减轻或者不治而愈。

首先需要明确引起抽动的原因主要有三大类。

第一类是神经生理因素，主要是神经发育水平，跟儿童的年龄关系密切。

年龄越小，孩子的抽动越可能是生理因素起主要作用，比如刺激过于丰富，而孩子的大脑处理这些信息的能力还不够成熟，大脑会过度兴奋，再加上身体的疲劳，这就导致了抽动的出现。这种多是短暂性的抽动，如果及时休息，抽动就能自然消失。

例如笔者的来访者中有一位 4 岁的小男孩，他跟爸爸妈妈开着房车从广州到新疆自驾游，一路上充满了新奇刺激的体验，虽然心情很愉悦，但频繁变换的环境刺激、路途的身体疲劳让大脑长期处在兴奋中。经过了解，父母还经常让孩子坐车看平板电脑来缓解长期坐车的烦躁和不适。一个月下来，超负荷的身心就“报警”了——孩子出现频繁眨眼的抽动现象。还有一种生理因素是遗传的易感性，抽动的家族史研究表明，至少60%的抽动症患者都有家族史。

第二类因素是个体的心理因素，包括个体的情绪调节能力、心理成熟度。

第三类因素是环境因素，包括环境对个体的压力、气候变化等。

这几类影响因子之间是交互作用的，不是单一因素起决定作用，引起症状的过程也不是简单的因果关系。

笔者的来访者中还有一个家族史阳性的5岁小姑娘，女孩的爸爸、哥哥都有抽动的表现。在家庭治疗中，爸爸回忆起自己在二年级换了班主任后就开始耸肩，不知道什么时候消失了。8年前，他带哥哥咨询的时候觉察到自己在紧张时会无意识地清嗓子，但对工作和生活没影响，也就没理。14岁的哥哥跟妹妹一样，5岁的时候开始出现耸肩的抽动行为，大家都说不清这究竟是什么原因引起的，一直持续到六年级，怎么好的也说不清；哥哥自述同学们刚开始会觉得怪，但每个人都会有怪怪的地方，看开一点就没事了。他认为妹妹就是不能看开一点，很怕被人知道有抽动，现在幼儿园也不肯上了。

咨询师觉得很奇怪，一般幼儿很少能觉察出自己有抽动，这样的觉察力是怎么来的呢？原来是妈妈很焦虑。妈妈本来没觉得丈夫清嗓子是个问题，直到儿子出现抽动，才惊觉这是遗传。那时妈妈能听从医生的建议尽量忽略儿子跟丈夫的症状，倒也相安无事。可自从儿子上初一后，成绩不理想，妈妈将这归因于抽动症带来的注意力不集中，于是对爸爸有很多的抱怨，同时开始着手为女儿“预防”抽动症。妈妈提前给女儿讲了什么是抽动，叮嘱女儿发现抽动必须跟妈妈讲，努力去治好。很快，女儿像中了魔咒般地开始耸鼻子。耸鼻子的当下孩子是不自知的，但过后马上就觉察到自己抽动了，于是很羞耻，把自己的脸遮挡起来大哭。妈妈看了更加焦虑，就把怨气发泄在丈夫和儿子身上。这个例子很好地说明了抽动的几个因素是相互激发的。一家四口对待抽动的态度，也验证了前面所讲的情绪“ABC”理论，引起情绪反应的不是事件本身，而是我们对事情的看法。

因此，用什么样的态度面对抽动是最重要的。

首先要科学地认识抽动，淡化问题。

当你发现孩子有抽动的表现，绝对不要病急乱投医，不要相信网上那些来历不明或者具有明显广告诱导性的信息，对于那些名字非常好听但没有得到科学验证的方法，应该保持理性的判断。世界上并不存在迅速解决抽动的办法。

杜亚松教授在《儿童心理障碍诊疗学》一书中提到，70%的学龄儿童在成长过程中都会在某一时段有抽动的表现，可见抽动是非常常见的。绝大部分抽动的孩子都可以通过顺其自然地等待，或者心理咨询加医学干预来获得良好的愈后。成年期仍然出现抽动障碍的人是极少的。即使有，像上面个案中的爸爸，他们的社会功能大多数是完整的，耸耸肩、抽抽鼻子等，无伤大雅。所以父母先不要做灾难化的推理，形成“这么小就抽动，这辈子就毁了”的不合理信念，而要通过查阅专业资料去了解抽动的专业资讯，然后调动认知重评的能力，改变对抽动的认知。

笔者经常跟父母这样说，当我们被诊断为症状较轻的高血压或者糖尿病时，大家会马上积极地改变生活方式，觉得要趁机让自己生活得更健康，不用服药就把血压、血糖控制住。在行动上会去了解各种养生的食疗方子、运动、减肥等。果然，经过一段时间的调整，症状真的消失了。更有意义的是，我们从此对健康、对生命有了全新的体验，更珍惜当下的美好生活，这么看来坏事变成了好事。如果我们用这种方式对待抽动，是不是也能达到同样的效果呢?

其次是觉察“抽动”的意义，抱持焦虑。

前面说过情绪是一个信号灯，传达出丰富的信息。“抽动”背后的情绪是焦虑，父母要看到一个因为抽动而被苛责的孩子，往往会多一份羞耻、愧疚和无助。所以责骂抽动的孩子对缓解症状毫无作用，甚至还会加重症状。“抽动”就是一个报警的信号灯，提醒父母孩子的压力达到了警戒线，必须注意不能再加压。这时父母可以从引起抽动的三大因素去排查原因。

- 生理方面：晚上睡眠好吗？假期是不是玩得太疯？看电视、看手机的时间是不是太长？运动有没有过量？是否在服用药物或者吃了引起过敏的食物？

- 家庭层面：父母的关系是不是恶化了？父母是不是工作太忙了，陪伴孩子的时间是不是不够？是不是新增了家庭成员？家庭中是否发生了其他变故，如有人生病、去世、负债、离婚？是否对孩子苛责和打压过多？

- 学校层面：换了班主任，好朋友转学，作业增多，学习的内容孩子不擅长。

最后是找出抽动的规律，重构放松的环境。

笔者发现，绝大部分因为抽动而来心理咨询的孩子，在咨询室里面都没有抽动的表现。我们或许可以推论，咨询室中的人和环境让孩子感到放松，所以他就不抽动了。

父母可以记录孩子抽动的规律，以下是记录的要点。

1. 他跟什么人在一起的时候不抽动，他跟什么人在一起时抽动得特别厉害。

2. 他在哪个环境里会抽动，在哪个环境里不抽动。

3. 他什么时候会抽动，什么时候不抽动。

记录是为了重构，接下来多翻看累积下来的记录，把总结出来的这些治愈因素放在环境中，多创造条件，帮助孩子消除抽动症状。我们还可以向年龄较大的孩子反馈抽动规律，以增强他的自我管理能力。

下面是一位家长做的记录表，他的儿子 7 岁。

表 7　行为记录表

日　期	××月××日，周六
抽动情况	早上睡醒后没有抽动，直到下午 5 点才发现抽动
发生了什么事	爸爸妈妈外出办事，不在家。中午不肯睡觉，一直在看动画片。遭到奶奶批评，孩子发脾气，摔东西，想打奶奶
孩子的情绪、身体状况	下午很困，因为没睡觉。看了 2 个小时电视。觉得奶奶批评得不对，委屈、生气
父母的情绪、行为	听到奶奶的投诉后，爸爸生气得想动手。妈妈劝阻了爸爸，自己调整好才去跟孩子沟通。先抱着孩子问情况，知道了孩子想要妈妈陪着睡，但妈妈不在，只能看电视。妈妈觉得很心疼
继续保持的行为	妈妈先了解情况再讲道理
需要改正的行为	不要当着孩子的面劝阻爸爸
小　结	孩子累了、想妈妈了、挨批评了，可能会加重抽动症状。出门中途可以不时跟孩子通话、视频，缓解孩子的分离焦虑

父母可以这么做

- 在战略上重视“抽动”，战术上忽略“抽动”。
- 读懂“抽动”背后的心理感受。
- 构建轻松、接纳的心理氛围，让孩子放松下来。
- 教会孩子觉察身体跟情绪之间的关系，发现抽动的规律。

父母千万不要这么做

- 发现孩子抽动就惊慌失措。
- 用打骂、羞辱、粗暴制止等错误方式处理孩子的抽动。
- 拒绝面对和改善环境中可能让孩子情绪紧张的因素。

孩子太敏感，是特质不是病

日本临床心理学家长沼睦雄的书《开启高敏感孩子的天赋》中指出，每五个人中就有一个人具有敏感特质。敏感是一个特质，不是病也不是障碍，是天生具有的特质。我们通常会觉得敏感的孩子太矫情、太细腻、容易受伤，这种看法在无形中便伤害了敏感的孩子。

高敏感孩子有以下 4 个特征。

- 喜欢思考本质性、终极性问题。擅长发出灵魂拷问，常问尖锐的问题而让大人自惭形秽，说话像个小大人或者小哲学家，花费大量的时间观察和思考后才行动。

- 容易过度卷入。这是一种过度接受刺激的状态，身体和精神都承受着过重的负荷，所以他们会比一般人更容易疲劳。比如，一位母亲向咨询师倾诉陪高敏感特质的女儿看了一场电影，10 岁的女儿围绕电影中的一个镜头跟她聊了整整三天，晚上还会做梦。

- 情绪反应大，共情能力很强。情绪起伏比一般人来得激烈，情绪负担很重。共情能力强是双刃剑，表现在提供暖心支持时认为人际关系是很美好的；可对于悲伤和焦虑的共情能力过强，就很容易被他人的负面情绪感染。

- 敏锐觉察细微的刺激。淡淡的气味、轻轻的声音、面部表情的细微变化都逃不过他们的眼睛，结合前面的三个特点，就容易让身边的人觉得他们难相处。

以上列出的表现不是为了说明高敏感的孩子有多难伺候，而是希望高敏感孩子的父母有所共鸣——“噢，原来不是我们做得不好，而是孩子的特质决定了这一切。”

其实高敏感孩子的以上特点用在学业、科研工作和艺术创造上，就是一种让人艳羡的天赋。让孩子的高敏感成为一种天赋而不是负担，家庭的支持性环境是最关键的。如果他们能被理解、被爱、被肯定，在一种温和的环境下长大，就能有效减少情绪压力，维持身心灵的平衡，以高敏感的天赋开启精彩的生活。但如果环境中充斥着各种指责、嫌弃、厌恶、忽视，就会给孩子造成极大的心理负担，一旦超过负荷，肯定出现各种压力性疾病和症状。

父母可以这么做

- 接纳孩子的敏感，敏感是特质，没有优劣之分。
- 提高共情的能力，走进高敏感儿童的心里。
- 构建温和的、稳定的、支持性的家庭氛围，有助于孩子不被高敏感过度消耗。

父母千万不要这么做

- 认为孩子的敏感是矫情。
- 传递敏感是不健康的错误观念。
- 总想改变孩子的敏感特质。

厌学的孩子，是充满挫败感的孩子

“讨厌”是引起我们极度不适的一种情绪，出于本能我们都想避开。那么我们应该能想象一个天天处在“讨厌”情绪中而又无法避开的孩子，肯定非常沮丧。这种沮丧可能混杂了无法胜任学习任务的无助感、受管制或受苛责的愤怒、对自己信心不足的烦躁、对学校环境的恐惧。

父母只有和孩子一起觉察厌学背后的情绪，撕掉“他就是不想学”的标签，对“厌学”行为进行认知重评，才能驱赶孩子的受挫感，增强学习的胜任力。

不是孩子不想学，而是孩子看不到希望

每一个班级都会有这样的孩子，他们表面在学，可是心中总处在放弃的边缘，很多时候是因为对自己能力的评价不够客观，会因为一两次的失败而全盘否定自己。另外，一些孩子把成绩好坏作为自我评价的唯一标准，觉得成绩不好，一切希望都没有了。

对于这类孩子，改变自我评价最重要。首先从父母做起，父母要抛掉唯成绩论的单一评价方式，去挖掘和认识孩子学习之外的能力优势，真心欣赏孩子。为何我会强调真心？这是因为我在咨询中经常看到父母为了让孩子不再抑郁、不再叛逆才不得不去表扬孩子："你也不错啊，虽然成绩一般，但是打篮球厉害啊！"这种工具性的鼓励一下子就被孩子识破了，效果适得其反。真心欣赏则是一种发自内心的、不带诱导目的的欣赏。一个孩子只有在被接纳的时候，才能放下被评价好坏、被对比优劣的思想包袱，轻装上阵去享受学习过程中的成就感。

不是孩子不想学，而是孩子不知道为什么要学

随着孩子年龄增大，父母会说孩子现在越来越喜欢问“我为什么要学习”“为什么我要做作业”。孩子对这个问题感到很困惑，这是很正常的，父母不要马上打压孩子：“如果不好好学习，你以后干什么？”“如果读不了大学你就去搬砖。”其实打压的背后是父母的焦虑，怕孩子一动这些念头就不爱学习了。将心比心，我们自己也会在夜深人静时发出类似的灵魂拷问：“每天那么勤劳地干家务干吗？”“为家庭付出这么多干什么？”孩子对意义的追问源于他们只是接收到功利化、短时化的学习目的——读书是为了找好工作、赚大钱、获得好婚姻。有了好工作、好婚姻、好房子，人就幸福快乐了吗？成长在经济相对匮乏年代的父母，总觉得孩子的追问很天真，他们没有意识到，今天的孩子不一样了，他们成长在一个物质富足的环境中，精神需求更突出，他们对于好生活的理解不仅是大房子、豪车和美满婚姻，更是如何在芸芸众生中活出自己。这确实对父母提出了一个很高的要求。

不是孩子不想学，而是孩子暂时学不会

这种情况在面临学业转折点的时候尤为突出。例如四五年级，这是孩子从具体形象思维跨越到抽象逻辑思维的一个转折点，对于部分孩子来说，跨过这个分水岭的挑战很大。

学习是一门科学，有时不是仅靠勤奋就可以的，父母与其天天口头鼓励孩子，不如自己先花时间看看如何学习的专业书籍，找到合适的认知策略再去指导孩子。同时对孩子的学习任务要有了解，翻翻孩子的课本，先去感受一下教学内容，再看孩子是不是也有同感，然后看孩子需要什么样的能力才能掌握知识，在生活中如何潜移默化地培养这些能力。

不是孩子不想学，而是孩子有心无力

这个原因是父母最容易忽略的。注意力障碍（俗称“多动症”）、学习困难、精神发育迟滞、抑郁焦虑状态等都会使得孩子无法胜任学业，逐渐厌学。尤其是处于以上症状的临界状态或在低年级时不明显，随着学习难度增加，力不从心的困境就会越来越明显。

这时父母应该求助专业资源，让孩子接受专业的心理评估或者心理咨询。

不是孩子不想学，而是孩子没办法安心学

这是指孩子的情绪状态严重干扰了学习。父母的冲突、亲子关系不良、朋友人际关系不良、师生关系恶劣，这些都会大大削弱孩子的学习积极性。

一个五年级男生在写给父母的一封信中说：“学校就是剧院大舞台，我是一个表演很拙劣的演员，经常被观众喝倒彩。但在台下永远都有两个人微笑着为我鼓掌，那就是我的爸爸妈妈。所有人都因为我拙劣的表演离场了，只有爸爸妈妈永远挥舞着荧光棒看我演完，他们是真心喜欢我的表演。”

在这封信中，我们能够深切感受到一种坚定的陪伴和认可，这给了孩子前行的勇气。这样做他并不一定能提高学习成绩，但肯定能让孩子在成绩不理想的情况下仍然愿意走下去。只有继续前行，孩子才能接触到不同的发展可能性。

父母可以这么做

- 多与孩子讨论想成为什么样的人，而不是讨论将来要做什么样的工作。
- 学习情绪力训练的方法，用遵循儿童发展规律的策略提升孩子的情绪力。
- 消除让孩子无法安心学习的不良因素。

父母千万不要这么做

- 把学习功利化。
- 对孩子期待过高。
- 忽视孩子在学习中的挫败感。

面对作业拖拉，读懂感受对症下药

做作业磨磨蹭蹭的孩子，我们可以用“怕”“蒙”“烦”“黏”4个字来描述，并从这4个角度来理解孩子的情绪感受，引导他们克服情绪感受带来的消极反应。

“怕”，一看作业量大，孩子就没信心做完了，想逃避。父母碰到这样的孩子，最常见的操作就是一顿猛批“你就是怕困难”。父母一定要注意不要随意给孩子贴一个“怕困难”的标签。

我们可以试着用前面介绍过的情绪“ABC”理论觉察一下父母的不合理信念，那就是有绝对化的要求（“你不应该怕”）、以偏概全的推论（“成绩好的学生都是不怕困难的”）和灾难化的结果（“才二年级就怕困难了？到了初中怎么办？”）。只有纠正不合理信念，才能做到“先处理心情，再处理事情”。把孩子的“怕”接过来，亲子之间的情绪平和并且同频后，可以用以下 4 种做法去克服“怕”。

- 多说鼓励和支持的话。请记住：越骂孩子，孩子越没信心，越怕去做。

- 不要拿孩子跟别的孩子比，越比孩子就越反感。不妨试试屏蔽那些爱晒娃学习自觉的父母的朋友圈，借助外力去提醒自己关注孩子就好了。

- 教孩子进行任务切割。以 10 分钟为单元切割作业，让孩子有一个完成任务的成功体验。不要急着去增加单元时间，要根据注意力发展规律来切割。

- 一定要欣赏孩子在过程中的努力，并引导总结用得好的学习策略。比如，可以这样鼓励孩子：“不错，刚刚你拿着橡皮看了一眼就放下了，没有继续玩，是什么把你‘拉’回来的？”他可能回答：“不做完作业怕明天老师骂。”父母可以接着引导：“尊重老师很好，你会想起一些人来监督自己。”父母要关注孩子在对话过程中、聚焦的过程中做出了怎样的努力、使用了怎样的策略，而不是只盯着结果。

“蒙”，孩子不知道从何入手。孩子可能没搞懂知识点，或者不知道作业要求，尤其是低年级的孩子。对于这类孩子，除了帮助他们答疑解惑外，还要注意在生活上培养他们的条理性和自理能力。很多时候他们的蒙并不是不会，而是觉得一团乱麻无从下手，就呆住了。年龄小的孩子从整理自己的物件开始做起，年龄大的孩子可以教他们一些策略，比如怎么记笔记，怎么用一些审题的符号。不妨带着孩子一起去选他喜欢的荧光笔和便利贴，让这种策略更有仪式感。

“烦”，孩子会觉得自己所有的时间都被作业和习题占据了。这种情况下父母先反思一下是不是一天中孩子几乎没有多少可以自主控制的时间。一个总觉得自己被安排的孩子，很难安心完成任务。父母可以试试以下做法。

- 少下命令多讨论，尊重孩子的自主感。

- 制订学习和自主休息的计划，功课再多也保证孩子有自由安排时间的权利。

- 自主安排的娱乐活动尽量与电子产品绝缘。

- 从生活习惯入手，改善孩子心浮气躁的个性。

“黏”，对父母很依赖，时刻需要父母关注，需要父母陪着他一起做作业，父母一走开就停工等着。这里所说的父母一般特指妈妈。

对于这种黏的孩子具体有三个策略：一是要关注孩子的安全感，妈妈多觉察是不是自己的情绪状态影响了孩子。二是如果我们要陪就耐心地陪，不要心浮气躁地陪。可以试着找点事干，比如读书、做手工等，这样既可以陪着孩子又不会总盯着作业而感到烦躁。让孩子看到你是享受跟他在一起的时光的，这样他才能够更快地独立起来，不再需要你陪。三是要增设一个独立时间。父母每天为自己留出 10 ~ 15 分钟的离开时间，并且设定一个比较简单的任务，调个闹钟准时回来，必要时可以设一些奖励，表扬孩子的点滴进步，慢慢地，父母再全身而退。

父母可以这么做

- 拖拉可能是孩子在争取自主时间或自主空间。
- 孩子只是“慢热”，不要随意贴上“拖拉”的标签。
- 父母越有耐心，孩子越不容易拖拉。

父母千万不要这么做

- 父母的急躁让孩子越来越拖拉。
- 父母的过度控制让孩子越来越拖拉。
- 不注重培养孩子的独立性，只想孩子自己能快起来。

本章总结

本章介绍了父母怎样通过情绪力训练来帮助孩子面对抽动、厌学、拖拉和过度敏感等成长问题。

- 抽动是情绪健康的报警信号。父母需要读懂抽动背后的心理感受，教会孩子觉察身体跟情绪之间的关系。

- 高敏感是特质不是病。父母需要接纳孩子的敏感，用温和、支持和共情的态度去接纳孩子的高敏感特质。

- 厌学的孩子是充满挫败感的孩子。挫败可能是因为孩子没找到学习的意义，没感受到父母的支持，没找到学习的策略以及没跟学校或班级建立安全的关系等。

- 作业拖拉的孩子越催越慢，要读懂孩子的感受从而“对症下药”。